康居粟特考

[日]白鳥庫吉◎著
傅勤家◎譯

山西出版傳媒集團
山西人民出版社

圖書在版編目(CIP)數據

康居粟特考 / [日] 白鳥庫吉著; 傅勤家譯. —太原: 山西人民出版社, 2015.12(2024.2重印)
(近代海外漢學名著叢刊 / 鄭培凱主編)
ISBN 978-7-203-09098-4

Ⅰ. ①康… Ⅱ. ①白… ②傅… Ⅲ. ①古代民族-民族歷史-研究-中國 Ⅳ. ①K289

中國版本圖書館CIP數據核字(2015)第193150號

康居粟特考

叢刊主編　鄭培凱
著　　者　[日] 白鳥庫吉
譯　　者　傅勤家
責任編輯　梁晉華
助理編輯　郭向南

出 版 者　山西出版傳媒集團·山西人民出版社
地　　址　太原市建設南路21號
郵　　編　030012
發行營銷　0351-4922220　4955996　4956039
　　　　　0351-4922127(傳真)
天猫官網　https://sxrmcbs.tmall.com　0351-4922159(電話)
E-mail　sxskcb@163.com　發行部
　　　　　sxskcb@126.com　總編室
網　　址　www.sxskcb.com

經 銷 者　山西出版傳媒集團·山西人民出版社
承 印 廠　山西出版傳媒集團·山西新華印業有限公司

開　　本　700mm×970mm　1/16
印　　張　7.75
字　　數　59千字
版　　次　2015年12月　第1版
印　　次　2024年2月　第二次印刷
書　　號　ISBN 978-7-203-09098-4
定　　價　39.00圓

近代海外漢學名著叢刊編委會名單

總主編　鄭培凱

編委會　傅　杰　霍　巍　戴　燕（按姓氏筆畫排序）

總策劃　越衆文化傳播·周　威

總監製　南兆旭

統　籌　徐　勝　顔海琴

出版工作委員會

主　任　李廣潔

副主任　姚　軍　石凌虚

委　員　梁晉華　張文穎　秦繼華　馮靈芝
　　　　張　潔　崔人杰　王新斐　郭向南

設計總監　李尚斌

設計製作　王秀玲　吴圳龍　何萬峰　歐陽樂天

出版説明／

近代海外漢學名著叢刊選取一九四九年以後未再刊行之近代海外漢學作品，編例如次：

一、本叢書遴選之作品在相關學術領域具有一定的代表性，在學術研究方嚮、方法上獨具特色。

二、爲避免重新排印時出错，本叢書原本原貌影印出版。影印之底本皆經專家組審定，原書字體大小、排版格式均未做大的改變。

三、爲使叢書體例一致，本叢書前言、後記均采用繁體字排版。

四、個別頁碼較少的版本，爲方便裝幀和閱讀，進行了合訂。

五、少數作品有個別破損之處，編者以不改變版本内容爲前提，部分進行修補，難以修復之處保留缺損原狀。

六、原版書中個別錯訛之處，皆照原樣影印，未做修改。

由於叢書規模較大，不足之處，在所難免，殷切期待方家指正。

總序／温故而知新

晚清以來，西力東漸，西方文化思想的著作也大量譯成中文，最著名的如嚴復與林紓的譯著，影響了整個二十世紀中國的知識界與文學界，使得中國文化的思維脈絡爲之丕變。除了西方思想經典、文學與實證科學著作的翻譯，以實證方法系統化探討中國文史的域外漢學，也對中國學術思想界産生了莫大衝擊，改變了中國學術的著述方法與取嚮。

中國傳統的知識結構，是按經史子集四庫分類的，以儒家意識形態的經學爲文化知識的砥柱，以史學爲貫串歷史經驗的殷鑒，至於子部與集部，則是作爲保存文獻、擴大知識面的附帶知識，可以耽情冥想，可以悠遊玩賞，却都是邊緣化的知識，無關聖教的弘揚，無關文化精髓的宏旨。西方文藝復興之後的現代學術體系，在知識分類上，與中國傳統大相徑庭，講究系統分科，不同知識領域各有其客觀存在的價值，有其相對獨立的目的與標準。日本知識界在明治維新以來，鑒於東方文明落後於西方的船堅炮利，率先效法西方，在追求「文明開化」、「脱亞入歐」的過程中，爲日本學術發展循着現代西方的體例，建立了哲學、文學、歷史學、經濟學、法學、商學、物理學、化學、地質學、醫學、農學、工程學、植物學、動物學等等新型學科，企圖與西方學術齊頭並進，從而影響了中國近代學術體系的發展。

本叢刊選印二十世紀上半葉出版的漢學譯著近百冊，分爲三大類：「歷史文化與社會經濟」、「古典文獻與語言文字」、「中外交通與邊疆史」，反映民國時期學術界重視西方及日本漢學研究的成果，藉助他山之石，重新審視中國傳統歷史文化的意義，特别是開拓了傳統學術忽略的領域。五四新文化運動以來，中國學者如蔡元培、胡適都提倡「整理國故」，以理性實證的方法，對中國文化傳統做出系統化的研究，是與這些漢學譯著相輔相成的。這些譯著除了介紹域外漢學的成果，還引進了嶄新的學術研究方法與視角，有助於梳理中國文化傳統的脈絡，重新整合知識結構與學術體系。雖然這些學術著作不是中國學者的成就，無法納入二十世紀中國文史學術的主脈，但是從中文譯本的影響而言，起碼也應當視爲中國近代學術發展的支脈或潛流，不容忽視。可惜的是，到了二十世紀下半葉，因爲兩岸政治形勢的變化，這些漢學譯著，除了部分因王雲五重新入主臺灣商務印書館，而得以在臺灣做了少量的重印，在大陸的出版界，則完全受到遺忘，甚至在許多新成立的大學圖書館中也不見踪影。我們搜集了近百冊塵封的漢學譯著，呈現給二十一世紀的中國學術界，一方面是爲了銘記前人爲推展學術而做出的努力，另一方面也是爲了提醒新常態時期的學人，學術發展有其歷史累積的脈絡，可以從中汲取歷史經驗，温故而知新。

說到「温故知新」與這批早期漢學譯著的關係，可以從兩個方面來思考，以見翻譯域外漢學如何反映了時代精神，爲融匯東西方學術思維，重新闡釋中國文化傳承，做出不可磨滅的貢獻。一是域外漢學的研究對象，以中國歷史文化典籍爲主，屬於中西文化碰撞期間興起的「國學」範疇，與五四新文化人物提倡的「整理國故」運動若合符節。研究中國歷史文化，並賦予新的學術意義，是清末民初知識精英念兹在兹的心結。歷史發展走到一個環節，時代的狂風揚起了批判傳統的大旗，風中的英雄幫着推波助瀾，却又無時或忘自己民族文化主體的未來，糾纏於「傳統」能否「現代」的困境。域外漢學的出現，以西方實證方法研究中國歷史文化傳統，綜合東西方各種語言文字材料，擴大了研究國學的眼界，即使無法打開中國文化傳統是否走到盡頭的心結，至少是提供了一個解惑的方嚮，在大霧彌漫的夜晚，看到了依稀渺茫的星光。

二是翻譯域外漢學，有一種以子之矛攻子之盾的吊詭作用，逐漸化解了中國文化思維中的自大心理與封閉心態，讓唯我獨尊的國粹基本教義派解除武裝到牙齒的盔甲，轉而吸收並接受西方實證研究的學風。民國期間新式教育制度的推行、學術體系的變化、大學學術專業的創建，具體到北京大學國學門的成立，中央研究院規劃歷史、語言、考古的研究領域，都與翻譯域外漢學背後的旨意是息息相關的。因此，重新閱覽這批民國期間的漢學譯著，對二十一世紀的現代學人來説，温故而知新，不但可以窺知民國學人追求新知的心理狀態，也會刺激吾人反思，認真思考學術研究方法與中國學術發展的前景，更進一步，探索文化傳統的重新闡釋與新知介入的關係。知識體系的變化當然與傳統的重新闡釋有關，是外爍的影響大呢，還是內因變化的成分居多？

論語·爲政記載孔子説：「温故而知新，可以爲師矣。」歷代解經，對這個「爲師」的道理，有兩種相近似但又取嚮不同的解釋。朱熹四書集注説：「故者，舊所聞。新者，今所得。言學能時習舊聞而每有新得，則所學在我而其應不窮，故可以爲人師。若夫記問之學，則無得於心而所知有限，故學記譏其不足以爲人師，正與此意互相發也。」雖然朱熹把知識分爲「舊所聞」與「新所得」，强調的却是「學而時習之」，從中生發新的心得，也就是從詮釋舊典中得到新知。這個説法與朱熹在鵝湖之會以後，作詩唱和，寫給陸九淵的詩句，「舊學商量加邃密，新知涵養轉深沉」，异曲同工，是一個意思，萬變不離其宗，舊學與新知是同一個脈絡的知識學理。

然而，有些朱熹之前的經學家，解釋「温故知新」，却有不同的取嚮。皇侃論語義疏就説：「故，謂所學已得之事也。所學已得者則温尋之不使忘失，此是月無忘其所能也。新，謂即時所學新得者也。知新，謂日知其所亡也。若學能日知所亡，月無忘所能，此乃可爲人師也。」皇侃明確説到，「故」指的是過去所學的知識，而「新」則指的是新近學到的知識，新舊結合，相互發明，就可以「爲人師」了。邢昺論語注疏循着皇侃的思路，也説：「言舊所學得者，温尋使不忘，是温故也。素所未知，學使知之，是知新也。既温尋故者，又知新者，則可以爲人師也。」這裏講的「素所未知」，就不祇是研讀舊學，有了新的體會，從過去的傳統中發展出的「新知」，而是從來没聽過、没想過的新學問了。這種「素所未知」的新學問，結合「舊所聞」，對習以爲常的知識框架，就會産生巨大的衝擊，而出現飛躍性的結構變化。知識内容或許大體沿襲傳統，知識結構却得以重新整合，出現嶄新的認知系統，重新審視自己文化傳統的意義，打開文化傳承的新局面。二十世紀上半葉的漢學譯作，就發揮了這樣的作用，促使中國學者放棄自我中心的文化態度，從各種不同側面，探知中國歷史文化的光譜，以域外（或是全球）的角度觀測中國傳統，摇動了文化的萬花筒，看到七彩繽紛的中國。

嚴復在甲午戰争之後，改良變法思想風起雲涌之時，開始大量翻譯西方思想經典著作，是有感於國人（特别是傳統文化孕育的知識精英）思維系統封閉，企圖介紹實證新知，引進邏輯思維的方法，以破除儒學之道「一以貫之」與「放之四海而皆準」的虚妄。他翻譯天演論，在序文中提到，有人歸納東西方學術思想，認爲中國文化重精神，是形而上之學，立意高超，而西方文化重物質，是形而下之學，祇追求功利的回報。他認爲，這種自以爲是的蒙昧態度，陷入傳統舊學的框囿而不自知，没有自我反思的能力，無法吸收「素所未知」的新知識，也就無法開展並弘揚自己的文化傳統。嚴復非常清楚他翻譯西方經典的目的，是爲了介紹新知，打破中國傳統思維的封閉性，但是，作爲披荆斬棘的拓荒人，他深知思想封閉者的頑固心理，必須因勢利導，以免遭到盲目衛道之士的攻訐。嚴復有其防身的策略，不會像許諸戰馬超那樣赤膊上陣，而是以桐城文章譯述赫胥黎、斯賓塞、穆勒、亞當·斯密、孟德斯鳩，博得晚清知識精英的贊許，文章深閎而傳入了新知義理。從文化變遷的角度而言，通過翻譯，以迂迴戰術來介紹西方思想，得到巨大的成功，産生了改變傳統思維體系的實效，是中國近代思想史上影響深遠的大事。以此類推，民國時期大量翻譯域外漢學的影響，也是不容忽視的思想史課題。

關於清末民初西方學術思維衝擊中國知識精英，顛覆傳統文化的知識結構，錢穆在現代中國學術論衡的序言中，從中國文化本位的立場，發出深刻的感慨，做了籠統的批評：「文化异，斯學術亦异。中國重和合，西方重分别。民國以來，中國學術界分門别類，務爲專家，與中國傳統通人通儒之學大相違异。循至返讀古籍，格不相入。此其影響將來學術之發展實大，不可不加以討論。」錢穆所指出的問題，是傳統知識體系强調「通」，文史哲不分家，最崇尚通儒，而現代學術講究專業分科，各司其職，以至於讀不通古籍呈現的整體性知識思維。姚名達在撰寫中國目録學史的時候，對西力東漸，西潮帶來的翻譯著作及新知新學，也有類似的感慨：「四部分類法，不合時代也，不僅現代爲然。自道光、咸豐允許西人入國通商傳教以來，繼以派生留學外國，於是東西洋洋籍逐年增多。學問翻新，迴出舊學之外。目録學界之思想不免爲之震蕩。」這種對學術體系發生重大變化的觀察，反映了中國學人從晚清一直到民國，夾在東西方兩種不同思維體系的衝突中，身歷其境的切身感受，因此感觸良多。

二十世紀上半葉最能代表中國學術的通儒是王國維與陳寅恪，他們浸潤了經史子集的四部知識傳統，承繼乾嘉篤實的考據學風，却都經過西洋邏輯思維與實證科學的洗禮，參與中國知識結構的轉型。對西方現代知識結構如何在中國生根發芽，不但再三致意，并且以自己的學術實踐來努力促成。王國維早在一九〇二年就寫信給張之洞，反對把經學列爲大學分科之首，而主張效法西方與日本的大學，設立哲學科，明確指出知識結構的分類不可因循傳統，而必須另起爐竈。陳寅恪在一九二五年就清華大學建制的問題，寫了吾國學術之現狀及清華之職責，指出大學的職責在於學術之獨立，而中國學術界的情況令人十分不滿，必須認真效法西方學術的體制及實踐。他說：「蓋今世治學以世界爲範圍，重在知彼，絕非閉門造車者比。」這兩位國學大師，對西方與日本的漢學研究十分注意，都是以開放態度對待域外漢學研究，集思廣益，以成其大家。

再回到「温故知新」的歷代經解，説説文化傳承的闡釋學意義。劉寶楠在論語正義中指出，上古之時，文化知識是上層統治精英的家學，不再治理實際政事的長者可以傳遞德行的知識，可以爲人師。「温故而知新」，就顯示長者不忘舊時所學，且能吸收新知，繼承并發揚這種學術與政治合一的傳統。到了孔子之時，時代出現了變化，士大夫不見得能够謹守家法，弘揚德行，也不一定能够「爲師」了。孔子之後，世變日亟，「道術爲天下裂」，文化知識不再爲少數統治精英所壟斷，也不必然與治理政事有關，學術在民間百花齊放，百家争鳴。但是，學術知識發展的脈絡基本未變，仍然是要温故知新，進德修業。從劉寶楠不經意的闡釋中，可以看到時代變遷影響了學術文化的内容，改變了知識結構的體系，但其内在發展的理路仍舊，還是需要舊學與新知的融合，才能有所發展。

劉寶楠還引述了劉逢禄的解釋：「故，古也。六經皆述古昔、稱先王者也。知新，謂通其大義，以斟酌後世之製作，漢初經師皆是也。」劉寶楠贊成這個説法，並指出，漢唐人解釋「知新」，大多數都沿用此意。也就是説，舊學是傳統的知識結構體系，新知是時代變化出現的新知識，必須相互斟酌，才能發揮得宜。至於如何對舊學「通其大義」，就見仁見智，各有説法了。從這個通達的詮釋來討論近代西學東漸的情況，我們可以看到，「温故而知新」在民國學人的心底，是産生「傳統」與「現代」糾葛的心理陷阱，不易跨越。若依照朱熹的説法，「學能時習舊聞而每有新得，則所學在我而其應不窮」，雖然在哲理上可以模模糊糊説通，但在清末民初的具體歷史環節，西學的新知屬於完全不同的知識體系，在原有的舊學脈絡中，根本無從立足，如何「其應不窮」？所以，真要放之四海而皆準，提升「温故而知新」的普世意義，以理解域外漢學譯著與近代學術知識體系變遷的文化史意義，我們認爲，皇侃、邢昺，一直到劉寶楠的闡釋，是比較合適，並與現代文化闡釋學的説法相近。

伽達默爾（Hans-Georg Gadamer）在他的名著真理與方法中，説到認知理性與文化傳統的關係，特別指出，人們通過理性，來判斷歷史文化中事實的真相，但是人的理性與生存環境息息相關，與傳統所衍生的豐富文化底蘊有關，不可能完全超越文化傳統的思維脈絡。他認爲，人生活在文化傳統之中，就不可能「遺世獨立」，以全能超越的抽象思辨來認識傳統，甚至是批判或顛覆傳統。傳統是歷史文化延續與傳承的表徵，不會一成不變，而我們的認知理性也會因時代變遷，而不斷重新詮釋傳統。伽達默爾的闡釋學以西方文化傳統爲例，説明新知如何納入傳統，而使文化傳統生機不斷，生生不息，與中國歷代經學家的説法（朱熹除外），有异曲同工之效。以此觀照民國時期的漢學譯著，我們認爲，這批學術新知傳入中國，對中國文化傳統的繁衍與發展，實有承先啓後之功。

近代海外漢學名著叢刊的出版，最值得感謝的是南兆旭先生二十多年來搜羅的執着與努力。雖然這套叢刊不能窮盡民國時期的漢學譯著，但是，能滙集上百冊自一九四九年以來在國內不曾重印的學術著作，再度公之於世，總是功不唐捐的大功德。忝爲本叢刊的主編，我面對這批民國學術材料，先是感到紛雜無章，有些原作者的學術素養也難副當前的學術標準，甚爲猶豫。後轉念一想，這是上個世紀中國最紛亂時期的學術記録，也是民生凋敝，國勢隤危，內亂外患交加之際，仍有許多學者孜孜矻矻，戮力翻譯域外漢學，爲中國學術的傳承拓展新知的坦途，不禁肅然起敬，開始用心整理分類。掛一漏萬，在所難免，好在有學殖豐贍的戴燕教授負責「歷史文化與社會經濟」、有傅杰教授負責「歷史文化與社會經濟」、戴燕教授負責「古典文獻與語言文字」、霍巍教授負責「中外交通與邊疆史」，吾道不孤矣。在整理編輯過程中，周威先生費心最多，也是我要衷心感謝的。

道術之存亡，全在人心之嚮背。這批民國漢學譯著重新問世，對我們生長在承平之世的學人，應當有激勵的作用，爲學術研究多盡份力，讓中國學術發展更上一層樓。

鄭培凱

二〇一五年七月

前言

在中國近現代學術史上，一個重大的轉折時期出現在清末民初，中國文化和中國學術幾千年來所積澱的自負和驕傲，受到前所未有的衝擊和挑戰。這種壓力既來自外部，也來自於內部，既包含着一個古老民族對於西方列强從政治、軍事、經濟、文化等各個方面强勢壓迫的自然反抗，也有着當時學人從學術傳統、研究範式、價值取嚮、材料方法等深層次的理性思考。在這樣一個大背景之下，陳寅恪先生因主張「一時代之學術，必有其新材料與新問題」而著稱於世，傅斯年先生也因倡導「上窮碧落下黄泉，動手動脚找東西」而聲名顯赫。其實，傅斯年先生這句名言的出處是在他撰寫的歷史語言研究所工作之旨趣一文當中，在講這句話的前面，他還有很長的一段話比較了當時中西學術發展出現的差距，并且指出了學術發展的三項標準：

（一）凡能直接研究材料，便能進步。凡間接的研究前人所研究或前人所創造之系統，而不能繁豐細密的參照所包含的事實，便退步。（二）凡一種學問能擴張他研究的材料便進步，不能的便退步。西洋人研究中國或牽連中國的事物，本來没有很多的成績，因爲他們讀中國的書不能親切，認中國事實不能嚴辯，所以關於一切文字審求、文籍考訂、史事辯別等等，在他們永遠一籌莫展。但他們却有些地方比我們範圍來得寬些。我們中國人多是不會解决史籍上的四裔問題的，丁謙君的諸史外國傳考證，遠不如沙萬君之譯外國傳、玉連之解大唐西域記、高幾耶之注馬可波羅遊記、米勒之發讀回紇文書，這都不是中國人現在已經辦到的。凡中國人所忽略，如匈奴、鮮卑、突厥、回紇、契丹、女真、蒙古等問題，在歐洲人却施格外的注意……（三）凡一種學問能擴充他做研究時應用的工具的，則進步，不能的，則退步。……西洋人做學問不是去讀書，是動手動脚到處尋找新材料，隨時擴大舊範圍，所以這學問才有四方的發展，嚮上的增高。[一]

他這裏所强調的材料的擴充、方法的進步，尤其舉出研究中國「四裔問題」上西方學術界的重視與所獲成績的例子，實際上都暗含着兩層意思在内：其一，是倡導重視除文獻材料之外地下材料的出土，號召學人不讀死書，而要「動手動脚到處尋找新材料」，才有可能拓展學術空間，「隨時擴大舊範圍」。西方學者古書遠遠不如中國人讀得好，却能够不斷拓展新領域，取得新成績，這是一個重要的原因。其二，是主張將研究空間從傳統的中原地區嚮着邊疆地區（亦即舊籍中的「四裔」）拓展，認爲這將是中國學術未來發展的方嚮。他尤其提到的匈奴、鮮卑、突厥、回紇、契丹、女真、蒙古等問題，都是國人重視不足，但「在歐洲人却施格外的注意」的新問題。直到今天看來，傅斯年先生所倡導的這個方嚮，也仍然具有深遠的戰略眼光。民國時期學術所受海外漢學的影響是多方面的，而其中對於中國邊疆、民族和中外文化關係等方面的研究成果尤其引人注目，也爲時人所重視，都與這個時代背景有着密切的關係。

近代以來，西方學者（包括被國人視爲「東洋」的日本學者在内）的一批學術著作陸續被翻譯成中文出版，成爲當時國人瞭解西方並從而反觀自身的一面鏡子。其中，被選入本套近代海外漢學名著叢刊的許多名

[一] 傅斯年：歷史語言研究所工作之旨趣，國立中央研究院歷史語言研究所集刊第一本第一分，民國十七年十月。

家著作，堪稱其代表之作。這當中，有對中國古代民族史進行深入研究的白鳥庫吉著康居粟特考、帕克（E.H.Parker）所著匈奴史、津田左右吉著渤海史考等名著，也有涉及中國古代民族制度文化史的箭内亘著元朝制度考、元代經略東北考等系列研究專著。尤其是在中外文化交流和關係史方面，日本學者桑原騭藏著唐宋貿易港研究、木宮泰彦著中日交通史等著作，都開啓了這個領域的研究先河，影響甚爲深遠。

這批海外漢學名著的學術特點非常突出，一方面，它們大都充分利用了豐富的中國古代歷史文獻進行精深的文本分析，體現出作者的漢學水平和深厚的古文獻根基；但另一方面，從總體的研究方法上却與傳統的中國學術大相徑庭，作者已經不再像二十四史的史家那樣仍舊站在中原王朝正統史觀的立場來觀察所謂「四裔」，進行粗綫條的描述，而是以西方考古學、人類學、社會學等全新的研究方法和理論對研究對象從歷史語言、地理環境、社會組織結構、人群遷移流動、對外文化交流等不同的層面和角度加以剖析，從而展示出前所未有的學術新格局。在這批著作中，還有一部分屬於作者實地考察的行記，如鳥居龍藏所著東北亞洲搜訪記等，無論其學術水平如何參差不齊，但都體現出西方學術界重視田野工作、擴大和豐富新材料的研究取嚮，也和當時西方學者大規模進入我國邊疆地區開展所謂「考察」、「探險」活動的歷史背景相互呼應，由此對中國學人所産生的激烈震蕩和隨之而來「敦煌學」、「西夏學」、「蒙古學」、「藏學」等新的研究領域的形成，應當説都與之不無關係。

我們不能不注意到，在這批海外漢學名著中，日本學者的著述頗豐，這個特點也反映出近現代學術史上「東洋」與「西洋」之關係。自明治維新以來，日本以「脱亞入歐」爲國家目標，不僅在政治、經濟和軍事上努力以西方爲效仿和追趕對象，在文化上也與傳統的「以中國文化爲師」的模式拉開距離，出現了學術文化上的明顯轉型。在嚮西方學術學習借鑒方面，日本的確走在了中國的前頭，甚至承擔了嚮中國「轉手」輸入西方文化的「中間人」的角色。在中國的邊疆、民族、中西交通史等方面，日本學術界和西方學術界聯繫緊密，將其對中國傳統史籍的精深理解和西方研究範式的具體實踐有效加以結合，産生出一批重量級的學術成果，這也是清末民初投射在中國學術史背景上的一個濃重剪影。

當然也無須諱言，由於時代的局限，這套叢書所能够借以參考、使用的實物史料隨着地上地下考古文物的不斷發現，已經顯得落後。自二十世紀五十年代以來，中國學者在邊疆考古領域取得了重要的成績，尤其是在新疆、西藏、内蒙古、東北各地的田野工作爲匈奴、鮮卑、粟特、吐蕃、突厥等若干古代民族問題的研究都提供了大量新材料，提出了不少新問題。但是我們不能苛求前人，放在當時的歷史背景之下來看，叢書作者所顯現的問題意識、史料運用和研究方法，至今也仍然是具有借鑒作用的。

最後我們還應注意到，這批海外漢學著作的譯者有些是國人知曉的史學名家，如向達先生、趙敏求先生、方壯猷先生等，他們均具有深厚的傳統國學根底，也具有寬廣的國際視野，其中如向達先生曾遊學歐洲多國，在敦煌學、中西文化交流史研究等方面建樹卓越。但是，也還有更多的編譯者今天已經不再爲人知曉，這反而證明了一個事實：在清末民初這個中國近現代學術史轉型時期，西方學術所帶來的衝擊和影響，不僅僅波及少數學術精英，而且也深刻地震蕩着社會各個階層，中國人嚮西方學習從而變革求新、救亡圖存的强烈願望，可以説是這些譯著當年問世時最爲直接的「催生劑」。今天，在中華民族爲實現偉大的民族復興和「中國夢」的美好願景而努力奮鬥的新時代，重讀這套叢書，「温故而知新」，可以説是意味深長。

四川大學教授、博士生道師、教育部長江學者特聘教授

霍　巍

作者簡介

著者

白鳥庫吉（一八六五年—一九四二年），歷史學家，日本東洋史學奠基人，東京文獻學派領袖。北方民族、西域史、中國神話研究的開拓者。他的研究領域從日本和朝鮮開始，涉及整個亞洲的歷史、民俗、神話、傳説、語言、宗教、考古學等方面。他精通多種古代民族語言和歐洲語言，爲日本西域史研究第一人。早年向國際東方學家大會提交德文撰寫的突厥闕特勤碑銘考、匈奴及東胡民族考和烏孫考三篇論文，得到當時名家拉德洛夫、夏德等人的重視，爲日本躋身於歐洲東方學界開了先端。白鳥采用近代歷史研究法研究亞洲史，特別是中央亞細亞、滿、蒙各民族的歷史和語言，富有獨創性。

譯者

傅勤家，資料不詳。

譯者序

白鳥庫吉博士爲日本研究西域古史之權威者，本文尤爲精心之作，故特譯之。

本文載於日本東京出版英文東洋文庫研究股專刊第二號（Memoirs of the Research Department of the Toyo Bunko, No. 2）篇名 A Study of Su-tê or Sogdiana（粟特之研究）。譯者以其論康居與粟特之分別，乃博士之最大貢獻，故譯爲康居粟特考。

博士此文另有日文發表。惟譯者未得此項日文雜誌，故遂譯時，無由對照。英文本中所引中史譯文，間有小誤，譯者均根據我國原書爲之改正，並皆註明。但所引三州輯略與慧超往五天竺傳箋釋二種，因手頭無原書，祇有採用意譯，讀者諒之。

民國二十五年三月四日譯者識

目錄

康居粟特考

緒言

中亞細亞有通稱爲俄屬土耳其斯坦（Russian Turkestan）之地方，乃指西訖裏海北達錫爾河（Sir-Darya）及界於東南之葱嶺（Pamirs）與大雪山〔痕都庫什(Hindu Kush)〕而約略言之，在地理之區劃上，亦頗明晰。該地據大陸之中心，控內地交通之要道，故世世能在東洋史上居於重要之地位者，固亦無足怪焉。吾人略觀其土壤及地文之構造，可知在此廣大之幅員內，祇有少數土地能產生文明生活及政治制度而已。吾人可以劃分全部地域爲五：一、卽今之基華舊汗國（Khiva Khanate 爲俄國革命前之汗國譯者），其所在地在縛芻河（Oxus 今阿母河）之下流；二、自河之中流以至葱嶺之邊境，卽今之阿富汗（Afghanistan）北部，亦卽中古時代之大夏

(Toxaristan; Tahuristan 吐火羅）也；三、爲 Zarafšān (Zarafshan) 及 Kaska 流域，約爲今之布哈拉（Boxāra; Bokhara 爲俄國革命前之汗國）；四、爲自霍闡（Khodjend）而東至藥殺水(Jaxartes; Yaxartos 卽錫爾河）卽今之費爾干（Ferghāna; Farghana）；末爲麻里兀(Murgab)河之下流，卽木鹿（Môuru）是也。

土耳其斯坦雖擁有廣大之領土，但市村殊少，蓋其大部分猶爲沙漠之地，其餘少數地方則由源出東南諸山之溪流所灌漑，尚能耕植。吾人若以全部沙漠與海洋相比，則基華及木鹿猶其中之島嶼；布哈拉汗國，乃一突出於葱嶺之半島，其本身幾全被圍於崇高之山脈中。北爲 Kizil Kum，自藥殺水延至費爾干，其南係喀喇庫木（Kara Kum）界於阿母河上，直貫大夏之內部。費爾干及大夏雖非盡不毛之地，然其所恃爲灌漑者，不過四周諸山引來之無數溪流而已，如其地無從得水，則與沙漠無異。故在此想像中之海洋中，不過爲其海灣或峽江而已。由是觀之，吾人卽能推知在歷史中此等地方相互交通之大概。各地之爲沙漠所隔絕者，猶如重山之相隔。以故吾人亦易知此等地方之人民，卽屬於同一統治之下，其風俗言語，亦自各有不同之處，若由一政府爲之聯絡，亦如獨立國之猶需各自管理也。

該各區域外皆乏居民，故無適用於耕植以及市鎮之建築。游牧蠻族，多出沒於沙漠中，遇有機會，即行劫於村鎮，一若居於島中沿海劫掠之海盜。東南各山谷間，居有無數獷悍民族，時出洗劫，當地居民之生命財產多感不安。即在今日，中亞之一部，尚未能脫離類此之危險。因之自古以來，此等氣候適宜適於居民之地，其交通遂時受阻礙矣。

俄屬土耳其斯坦之居民大率如此，蓋歷史向爲地理所支配，已成定律，吾人即能推想該地在過去各時代之種種情形。其位置雖據於大陸之中央，然距如巴比崙亞述之古代文化尚遠，故在該古代文獻中並無記載，於是其最早之歷史皆不可考。但該地爲伊蘭族(Iranian race)之發源地，有無數地名可以見諸祆教經典阿維斯他經(Avesta)中，皆與種族之觀念及崇拜有關。如 Quairisām 一字發現於此書中，等於大流士王(Darius)之貝希斯坦(Behistum)紀念碑上之 Uwarazmia，Persepolis 紀念碑之 Uvarazmiya，Nakš-i-Rustam 碑文中之 Uvrazmis，即希羅多德(Herodotus)記述之 Xorasmia，其後稱 Xorazm，即今之基華也。Môuru(木鹿)發現於同書內，即希臘文獻之 Margiana，今則爲 Merv（謀夫）。該書中又有 Sughda，可與貝希斯坦之Sugude，Persepolis 之 Sugda Nakš-i-Rustam 碑文上之 Suguda，以及希羅多德氏之 Saghdo 相比擬，以上諸名顯爲今日布哈拉汗國之土地也。又有 Baxdi 者，當爲上述擁有三紀念碑之 Bactris（大夏）無疑，而希羅多德之 Bactria 以及中世紀之 Toxaristan 亦同爲一地也。至若 Ferghāna（費爾干）在阿維斯他經中，則不如希臘文獻中之得易習見。不數年前，余曾於大宛之研究一文中，大膽建議，謂吾人見諸於多利買(Ptolemaeus)之地圖上之 Tapura 一字，或卽指該特別區域之居民。以故無論如何，本文所述之該地，在大流士王時代尚無專名，因其地僅爲 Sogdiana（粟特）之一部分，且以羣山環繞，已棄之而爲游牧民族所居矣。

此亞洲之一部分，卽在漢代以前，已有與中國交通之事，人皆無從否認之；以中國文化中有數種要素須作若是之推定也。漢代以前，中國歷史固無葱嶺以外各地之地名記載，但此或因其早期之交通不能直接，縱使交通能直接，亦常有其他之原委焉。自張騫完畢其著名之旅行後，關於遠西，中國始有明確之認識，嗣後由使者雙方傳遞、遠征軍、商人，以及研究學問之求法者之旅行於該地，遂得詳細之報告。安定之政府對於外國之交通，尤加注意，以故自漢後各代，其歷史皆有西域傳一章之專載，此實關於西域諸國之知識之要領也。然謂其對於中亞古代史之學者卽因之而得極可貴之材料，亦頗難說，況中亞有無數古國與人民，如不以東西二方之種種報告融會貫通，斷難得其眞相也。

然則中國歷史果以何名加諸土耳其斯坦各地乎？自漢至晉之史書中，吾人雖不能推知，大夏原爲何名，然其爲 Bactria 固人所共知者也。魏書西域傳載其地曰薄知，無疑爲 Baxdi 之音譯，其名在中國南北朝時，早已聞知。唐書中關於 Xwarizm 之轉寫，簡作火尋、過利或全作貨利習彌，而魏書西域傳中之呼似密，或卽爲同一原名之另一譯音，蓋魏代已知有其地。漢時，該地或已爲人所知，因史記大宛傳曾述及驩潛，吾人或可疑爲 Xwarizm 之縮寫，與火尋及過利無異。而後漢書西域傳中所提及之木鹿，據夏德（Hirth）謂該地卽今之 Merv。漢之史家由其古名 Môuru 而知其地。中國歷史記費爾干（Ferghāna）曰大宛，其字原並未得學者之肯定，然據南北朝以後所載之破洛那或鏺汗，必爲 Ferghāna 之音譯無疑也。

俄屬土耳其斯坦之五區域，吾人見中國古史祇述其四而Sughda獨付缺如，頗堪注意。Sughda乃歷史上極重要之土地，而不載於史，豈不怪哉。阿維斯他經中謂伊蘭人自脫離其發源地Aryana Vaijo後，即卜居於此。若輩遂信仰祆教（Zoroastrianism），此種精神使彼等能於佛教、基督教、回教之侵入，作持久之抵抗。吾人更宜憶及當日該地對於大陸交通所處之重要地位，以及遠在南北朝時之中國史家已知有Samarkand, Boxāra, Keš（即Kesh）等地，如Sughda在西方能享盛名，而古老之中國獨絲毫不知，必無其事。余以為中國諸史中，必有載及，惟所載之名，尚未證實耳，由是余乃試為其發現漏失之名。今所詳考者，一切均有文獻可徵，深信必有所得。以後數章，即余研究所得之結果也。

第一章　康居與粟特之別

西人之研究漢學者，多以中國史中之康居與粟特（Sogdiana）相連，而其紀錄所載究竟專爲何時，則置之不論。彼等祇顧及接受如隋書、唐書等後期之歷史所紀錄者，而似不留意於史記及漢書中之顚末，關於該二書所記之時代，此西方國家業已存在。結果粟特遂被作爲康居人民之故鄉，但吾人須觀以下史記大宛傳中各節，方可斷定該說之成立與否，其文曰：『康居在大宛西方可二千里，行國，與大月氏同俗，控弦者八九萬人（本文作八九千人而史記作八九萬人，譯者註。）與大宛鄰國，國小，南羈事月氏，東羈事匈奴。』（註一）大宛即Ferghāna，自其京都行二千里，可達藥殺水之北。書中又謂康居亦位近該處，與粟特（Sogdiana）不同，蓋後者之地位處於河之南方，大宛之西南，固不可否認之事實也。

吾人自漢書西域傳中可作再進一步之引證：『康居國王冬治樂越匿地。到卑闐城，去長安萬二千三百里。不屬都護。至越匿地，馬行七日。至王夏所居蕃田九千一百四里。戶十二萬，口六十萬，勝兵十二萬人。東至都護治所五千五百五十里。與大月氏同俗，東羈事匈奴。』（註二）康居係一行國，乃逐水草而居之游牧民族也。至若粟特乃伊蘭人之故鄉，務農營商，漢書謂之『城郭國』。康居人民之冬夏遷都，吾人已知之，而今日哈薩克吉利吉思人（Kasak Kirghiz）之放牧於吉利吉思（Kirghiz）草原亦有此同樣情形。冬日之荒郊，不利於畜類，以故游牧人民每屆氣候轉寒，卽撤帳而南向，放牧於溫暖地帶。凡水邊 saxual 草叢生之地，最爲適當，因之錫爾河沿岸遂易受大衆之歡迎矣。（註三）老康居族，恐亦同此情形，如此，則其冬日所居之地曰樂越匿，卽哈薩克語之Kislak 而夏日所居之地曰蕃內，則爲哈薩克語之 Yailak 也。漢代歷史咸以爲康居人民在地理位置及生活習慣上，卽哈薩克吉利吉思人也。

人民之風俗習慣，時因地理環境而轉變，古康居與哈薩克之生活方式雖可以視爲相同，然吾人能立下一斷語，卽兩者俱屬突厥族也。但同種問題，亦可就字原而推究之。普通漢音讀康居作 Kang-kü，恐遠在漢代亦如是發音。又發音爲 Kängäres 者，乃突厥族所載於突厥之紀念碑上者。

（註四）後高加索有突厥族居民曰 Kenger，范倍萊（Vámbéry）以爲卽 Kängäres。又在中亞之鐵克土突厥斐（Tekke Turkoman）族內則爲 Köngör，或稱 Kengerlu，則爲 Kökčai Kuba 區之突厥族，而德赫蘭（Teheran）之領土內亦有之。（註五）而吾人讀 Ibn Xordādhbih 書中關於 Saihun 河（卽藥殺水）之記載，則其音又曾讀作 Kankar，其地在 Čač 高處之下方；換言之，今塔什干（Taškend）以下之藥殺水，曾亦名 Kankar，蓋河之下流之居民卽喚 Kankar，故其得名，洵非偶然。此外，吾人可得無數類似之例，如亞洲之錫爾河，在中世紀因係 Čač 之國家而亦名 Čač，爲南部之邊界。同時裏海自爲 Xazar 族人居於其北岸，因亦沿其名曰 Xazar 海。

羅馬皇帝君士坦丁（Constantin Porphyrogenetus）所著之 De Administrando Imperio 書中，謂有名 Kangar 或（Kankar）之三高等部落統治 Pečeneg 族。吾人如欲追溯 Kangar-Pečeneg 人民之行動，則馬迦特（Marquart）曾謂彼等在第八世紀猶據於藥殺水之下流以及鹹海（Aral）之沿岸。（註六）自古至今種族遷移之目標無不趨向於西方，吾人因此可作合理之推測，卽以前 Kangar 卜居遠東，其國家乃自錫爾河之中流向北擴展而至吉利吉思大草原者。因之遂有康居人卽 Kangar 人之說，而突厥後裔亦認 Pečeneg 人爲康居人矣。

Pečeneg 人之祖先侵入東歐，自第九世紀至第十世紀在歷史上留下偉大之戰爭記載，漢代所已知之康居，卽爲此族，設或如此，則康居之名，或本爲突厥語。湯馬斯徹克(Tomaschek)曾試以一伊蘭字解釋之，誠如此，必至武斷以爲康居人之故鄉卽粟特（Sogdiana）矣。（註七）范倍萊以畏兀兒語（Uigur）之 kang 及（察合台語 Čagatai）之 kän 互相比較，兩者之義皆爲『廣闊』，（註八）；而阿布伽錫（Abulgazi）則以 Kangar 之 kang 與突厥語之 kang 相較，意卽馬車也。但此等之說，比諸近似之發音，尤無根據。康居與 Kangar 二字之如此接近，可謂康居在字原上之問題已爲君士坦丁皇帝（Constantin）所解決，彼以爲 Kangar 爲 Pečeneg 字意卽『驍勇』與『尊貴』也。吾人見察合台語（Čagatai）之 Kangar 以及鄂斯曼語（Osman）之 kingir 皆作『勇猛』解釋，卽知上述之說明非絕無價值者也。此外，又有須說明者，卽在中亞之數種突厥族亦有名 Kängäres, Köngör 及 Kenger 者。以故吾人可結論 Kangar 在中國歷史上寫作康居，卽爲 Pečeneg 族之名，其原義則爲『勇猛』或『尊貴』也。

至若卑闐一名，漢書中顯係指爲康居之京都，其字雖極似今日之發音爲 Pei-t'ien 而其字原則並無明確之解釋。吾人旣深信康居人卽爲 Kangar 人，則 Pečeneg 族所統治之部分，其京都之名當與 Pečeneg 之發音有相當關係。Pečeneg 一名，阿剌伯文作 Bečenek 希臘文作 Patsinakitai，俄文作 Pečeneg，馬札兒文（Magyar）作 Besenyö 而范倍萊氏以鄂斯曼亞塞爾拜然文(Osman-Azerbaizan) 之 bažinak 比較之，bažinak 者『姊夫妹夫』之謂也。（註九）但此證據尙不足成立，而在另一方面此字更可令吾人聯想至察合台文 Čagatai 之 bičin 及鄂斯曼文之 bizan 二字同解作『城堡』。（註一〇）余以爲康居城卑闐（或爲 Pi-ten）更可作爲比較，如此則 Pečeneg 一字，則原於該城之名也。

漢書謂康居國王度冬之地曰樂越匿，京城卑闐在焉。此名需作一番解釋，吾人須先以漢代對於此名之如何發音着手。其第一字，中國通讀作 lo，廣東音讀作 lok，安南音讀作 lak，日本音則作 laku，册府元龜書中對於樂越匿之註解，有讀作 lok 或 luk 者，謂『樂來谷切』也。其第二字，中國音 yüēh，廣東音作 yüt 高麗音作 yër（或 yët）而日本音作 yetu 或 otu。末字通音作 ni，廣東作 nik，安南作 nak；西方之 Kusānik 卽貴霜匿，在唐代，其音應讀若 nik 或 nak。然在古代，此音或作如 tok，諒不至有誤；蓋日本音作 toku，而集韻則謂『惕得切（têk），讀如忒（têk）。』上述證據累累，但何者爲漢代之正確音，殊難斷定也。史記（應作漢書，譯者註）。蘇武傳曰：『於靬（本文誤作於靳，譯者註）。王愛之，給其衣食。三歲餘，王病，（本文作病三次，譯者註）。賜武馬畜服匿穹廬。』（註一一）中國之註釋者謂服匿係匈奴文字，意指缶也，而宮崎博士更以日本同音之 fou, hotogi（或 fotogi）及高麗同音之 patangi 比較之。（註一二）余今大膽謂此字或卽滿蒙語之 boton 或 butun。匈奴文之服匿作 butok，作同樣解釋，已極清楚，但匿字在漢代似讀若 têk, tök，而不讀若 nik, nak。因此樂越匿三字在始有紀錄時，必爲 lok-üt-tok 或 luk-öt-tök，而 üt-tök 一字，又令人憶及突厥族之 Teleut 語之 ot'ok，（註一三）以及蒙古之 otok（註一四）二字皆解作『村落』也。

亞洲西部舊族有一種團體名爲 otok，已爲有據之事實。在天山北路（Dsungaria）之厄魯特人民之風俗，在西陲事略（本文作西陲總統事略，譯者註）中曰：『昔準噶爾厄魯特未滅時，分統四衛拉特，皆有大台吉主之，亦稱汗，其餘小台吉皆汗之宗屬爲之。其臣下謂之宰桑，大臣稱圖墨什，其次稱札爾扈齊，佐圖墨什理事者。其汗所屬人戶曰鄂拓克，台吉所屬曰昂吉，猶言部分也。鄂拓克游牧，環其汗所居，昂吉游牧，環諸鄂拓克。』（註一五）又三州輯略一書中，尙有該題之引證，曰：「——『準噶爾之舊制，有四種衛拉特部，再分爲二十四個鄂托克及二十一個昂吉。該四衛拉特部分治準噶爾全境，各部擁一領袖，曰大台吉，稱爲汗。其餘統治者則爲台吉，由汗之親屬任之。鄂托克歸屬於汗，昂吉則屬台吉。鄂托克之牧場近伊犂（或即爲汗之居所），而昂吉之牧場則與一切鄂托克相近。……昂吉爲準噶爾語，意乃部分也。』（卷七）——」（註一六）厄魯特及衛拉特皆寫作 Oirat，此字卽西方作家所稔悉之喀爾木克（Kalmuck）蒙古人，因之以上所述之特別表記，及其人民皆應作蒙文之解釋也。故鄂拓克卽 otok；台吉卽 taiži；宰桑卽 zaisang；昂吉卽 anggi；札爾扈齊卽 žarghuči 也。初，鄂拓克爲一集團之單位，蒙人引以爲怪，然西陲事略（本文作西陲總統事略，譯者註）之另一節述『哈薩克源流』中，則謂有無數哈薩克村名鄂拓克，可作對照。且此字與蒙文突厥文皆相同，如鄂拓克卽 ottok，宰桑卽 zaisan，札爾扈齊卽 žarghuči 或 yarguči，圖墨什卽 temeči。吾人須知以鄂拓克集團爲政治制度，突厥人及蒙古人皆有之。此外，又有一重要情形，卽蒙古人與突厥人雖爲緊鄰，然凡種族與之最爲接近者，僅衞拉特人，亦惟其特別制度始詳載於史。其制度先則爲突厥人所創，後僅有衞拉特人採取之。此種情形亦屬可能，由此吾人更可據理推定康居爲突厥族，其地名 Luk-öt-tök，亦 Teleut 突厥之 ottok 也。

吾人既知樂越匿之末一字卽突厥文之 ottok，則其爲首之樂（luk 或 lok），卽突厥之形容詞 ulu 或 ulug 作『偉大』解釋，亦可據理推想之。中國譯外國名稱，多脫落爲首之母音，如梵文之 Arahat 縮作羅漢，契丹之 atirkan 縮作忒兒蹇；突厥之 Aštemi 縮作瑟帝迷。同此，突厥文之 ulug，恐亦脫落首字，而縮爲 lug。設或如此，則 Luk-öt-tök 全字卽『大鄂拓克』，意乃人民所據有之土地，須直接歸屬於康居之君主也。漢書康居傳謂主尊之君主外，族中猶有五小王，觀夫準噶爾之情形，此與大小台吉相同。準噶爾之村落團體，在至高之統治下，謂之小鄂拓克，小王治下之團體，謂之昂吉，以故在康居，前述團體之人民可謂之『大鄂拓克』，後述者簡稱『鄂拓克』。康居國王所居之 Luk-öt-tök 既已知其卽爲古之集團制，同時自須確認康居人民卽突厥族也。

此外又有一根據，卽康居言語卽突厥語。晉書康居傳述某康居國王以那鼻之名義進貢中國朝廷。此「那鼻」二字堪與烏孫文「泥靡」二字比較之，在漢代，此字之發音大致爲 nai-bi；蓋普通廣東語讀泥作 nai，而吾人在書本中考查與烏孫王相關之名字，其末字必爲靡，今人雖讀作 mi，但漢代則讀爲 bi 也。bi 爲突厥領袖之稱呼，該字並不限於烏孫之人民，吾人可自唐代學者顏師古所作漢書之註解中關於某大宛將軍事中詳見之，其文曰：「宛之貴人爲將而勇者名煎靡。」（原文未註出卷數，此見漢書卷六十一李廣利傳，譯者註）。上述稱呼之第二字，必爲突厥之 bi 無疑。至其爲首之煎字，余曾以突厥語之 söngüs，察合台語之 zenzal，鄂斯曼語之 zenk，畏兀兒語之 šugus，以及 Huznezk 語之 sag 相互比較，皆「戰爭」之謂也。但余以爲此字與波斯語解作「戰爭」之 ženg 更有關係；鄂斯曼及克隣韃靼（Krim-Tartar）語之 zenk，亦有同樣意義，可以假定爲波斯原文之照例應用者。大宛人民屬伊蘭族，由史記所載，可以推知：「自大宛以西至安息國，雖頗異言，然大同俗，相知言。其人皆深眼多鬚頿。」（註一七）

吾人作種種考據，知康居在漢代居於吉利吉思大草原在藥殺水以北，其生活方式與今之哈薩克吉利吉思人相同；其文字可以突厥語說明之；由此，實可以斷定其屬於突厥族，固鑿鑿有據者也。至謂其故鄉在粟特，實不可能，今已毋庸贅言，蓋粟特確位於錫爾河之南，居民爲伊蘭族，非突厥人也。

第二章 康居五小王之地位

吾人既據理證明康居之故鄉在錫爾河之北，然對於其領土界於河之彼岸包括粟特（Sogdiana）者，亦不能加以否認此果爲可能之事也。漢書述張騫之遊歷曰：『大宛以爲然，遣騫爲發譯道，抵康居，康居傳致大月氏。』（註一八）據載大宛京都爲貴山城，卽今之 Kasan，大月氏之宮廷則在阿母河以北，鐵門之南，故位於中世紀之怛密（Termid）。自大宛至大月氏地，古之遊歷者必先西行，經 Xδzend（霍闡）及 Ura-tüpä（貳師城）至 Tamerlan 之隘口，由此再向南，經撒馬兒罕(Samarkand)及渴石(Hešš)(卽 Kesh)，再南行，至阿母河之北岸，其中之粟特地方，乃爲必經之道，如此則康居之人民與中國往大月氏之探險者皆可展其作爲矣。吾人實不知彼等爲何在據有土地以後，方有此作爲。以故吾人可斷定康居在據北方以爲家鄉時，其領土已展至極南，侵入粟特之土地矣。

粟特與康居人之關係，已詳述於前，而該區域內之城市以前曾為康居族中諸侯之采邑，亦當不足奇矣，唐書亦提及漢代所紀康居五小王統治之三古城。漢書云：『康居有小王五：一曰蘇䪥王，治蘇䪥城，去都護五千七百七十六里，去陽關八千二十五里；二曰附墨王，治附墨城，去都護五千七百六十七里，去陽關八千二十五里；三曰窳匿王，治窳匿城，去都護五千二百六十六里，去陽關七千五百二十五里；四曰罽王，治罽城，去都護六千二百九十六里，去陽關八千五百五十五里（本文作八千五十五里譯者註）；五曰奧鞬王，治奧鞬城，去都護六千九百六里，去陽關八千三百五十五里；凡五王屬康居。』（註一九）原文雖有各城距離遠近之明確記述，但各城究坐落何處，並無考據。而唐代諸史家則力謀舉示國中各城之故地，或為當時人所稔悉之地。故知其第一城乃與佉沙國接壤，唐書曰：『史或曰佉沙，曰羯霜那，居獨莫水南，康居小王蘇䪥城故地。』（註二〇）佉沙為阿剌伯語之 Kešš 國，即今之 Šahr-i Sabz，無用贅言。史載附墨城即屈霜你迦，亦即阿剌伯語之 Kušāniya，及伊蘭語之 Kušānik，位居撒馬兒罕之西；窳匿城即柘折，亦即阿剌伯語之 Čač 及波斯語之 Šaš，乃今之塔什干（Taškend；Tashkend）也；罽城即布豁，顯為 Boxāra（布哈拉）而最末之奧鞬城即火尋。又稱貨利習彌（Xwārizm; Khwarism），即今日之基華也。唐書又謂該五城屬康居小王，一在塔什干，一在基華，餘在粟特，粟特之屬於康居，當係假定之辭，但亦本乎自然。然吾人對於編纂歷史者是否根據可信之史料以定各城之故地，則尚不能無疑也。

若以漢史對照，亦不難了解。玆引史記大宛傳中一段，以資說明：『及宛西小國驩潛大益，宛東姑師扜罙蘇薤之屬，皆隨漢史獻見天子。』（註二二）上述蘇薤小國即蘇韰城，康居一小王治之。吾人宜注意該地不可在大宛之東，須在其東北或北方，蓋人固知大宛以東乃緊接烏孫者也。而與蘇薤城相接之地，當亦不難推定，但唐書則以該城爲佉沙，在撒馬兒罕之南，與漢史蘇薤不同。又以上驩潛之名，似即唐書所誌火尋，寫作 Xwarizm 者，Xwarizm 在阿母河之下流，與大益相連，亦提及之。今漢書不提與康居有關之 Xwarizm，似二者各不相關。而唐書亦不述及古之記載，蓋書中已指定 Xwarizm 即康居小王之古奧鞬城也。

南北朝以後之歷史，其中唐書之諸編纂者對於古康居城之故地並無片言斷定，此亦屬自然之事。隋書西域傳列舉粟特以北諸國，如康國（Samarkand）、米國（Maimargh 即 Maimargh）、史國（Keš）、曹國（Ištikan 即 Ishtikan）及何國（Kušānik），皆以前康居之領土，而安國（Boxāra）、烏那曷及穆國（Amol）以南諸國則爲安息之領土，如吾人可知漢代之粟特，其北歸併於康居，其南屬於安息，而觀夫地理上之情形，則又爲未必有之事實也。（註二二）。然唐書並不做法隋書如寫安國（Boxāra）爲康居之故地，即劂城也。吾人須注意魏書述該地爲康居之故土，但在粟特，除撒馬兒罕、塔什干外，史書所載，並無其他國家城市與其人民有關。而唐代史家對於初期之記述，當無從信賴，故亦不能決定此等古城之故地，由漢迄於唐代，其間相距過長，故對於該地種種情形所報告之來源，殊難信任，吾人亦祇能斷定若輩之確認顯爲杜撰及幻想耳。

漢代述康居小王五城者祇漢書一部，餘如史記並無片言述及，全書無論在大宛傳或其他各卷皆無之。總其原委，當因張騫並不發表其消息，否則史記之不登載，亦無理由矣。今尤須注意者，即西方作家對於各城之城名及地位竟亦不提，而該中國探險家則已盡觀當地之著名城市如撒馬兒罕、渴石等矣。如是，其報告發表於後日，已無可疑，但不知其究發表於何時，以及在何種情形之下耳？吾人可以推定其時當在漢人與康居人民接觸漸密之時。自張騫而後至漢書所記述之時期，其最重要之事蹟乃元帝建昭三年（西元前三十六年）漢將軍陳湯與都護甘延壽協攻康居國東境之郅支單于。據謂敵軍本部設於都賴水（或 Talas）上之郅支城，遠征士卒四萬餘，包括漢人及諸國之士卒，分作六大隊，三隊取南路經葱嶺而攻入大宛，餘則北進過烏孫之領土，以入康居東境。中國已得城郭國十五王之協助，但康居國王亦有單于爲援，故漢人除偵察其主敵外，尤須熟悉康居之內部情形。恐其後即在他人中探得其京城名卑闐，並有冬夏遷居之習慣，以及國中小王之五城。

總觀以上各點，即可推知五城全在康居國之本境內，直至藥殺水之北，至唐書所述，適得其反，但吾人亦無從顧及矣。蘇薤即 Keš 已述之於前，但此地更可以晉書西戎傳之一段以爲反對此說之有力證據，其文曰：『康居在大宛西北可二千里，與粟弋伊列鄰接，其王居蘇薤城。』（註二三）。粟弋乃 Sugduk 之轉寫，後當說明之，而伊列則指伊犂河下流之國家也。觀此所記，知該城顯然不能位居於粟特，因其地須在康居之故鄉內，在河之彼岸也。吾人欲估定五城之何在，實亦無材料可考，則該地乃起自錫爾河北至 Kara Tau，今包括土耳其斯坦、Čimkend、塔什干等諸城之說，猶可引起注意，而歷史亦明示在十三至十四世紀，其地尙有繁榮之都市如 Sairam，Otrar，Barčin，養吉干(Yangikand)等地。此外亞歷山大山脈(Alexander)之肥沃區域，亦須加以注意。觀夫郅支單于之建城於都賴水之上流，必能廣吾之推想，以爲康居諸城或卽位於中亞之該部也。

第三章　粟弋卽粟特

吾人已述俄屬土耳其斯坦之五城，該五城皆宜於建爲如一國家之形體中。西方作家關於五城之記述，爲時頗早，而其中尤以大夏（Bactria）及粟特爲最有名。漢代歷史對於各城之名，竟付缺如，殊覺可怪，但對於同時代之中亞史稍作一瞥，卽可了然矣。自紀元前第二世紀末葉後約一百年，該地時有北方之部落犯境，滋擾未已，蓋當時外來蠻族，四處稱霸，勢凌伊蘭之士民。嗣後外人依照自己習尚以稱其新領土，不用本國原有之名，而中國遣去之專使，專與諸國統治者接觸，故祇知替代之名歸以報告而已。如此漢代歷史以大宛之名代在藥殺水上流之 Ferghāna，以大夏之名代 Bactria，亦足明矣；而北來之塞種（Saka）自佔據乾陀羅（Gandhāra）後，卽定名曰罽賓。人皆習之，至其原名則載於後世之史乘。

著名如乾陀羅、大夏及粟特等地，其國家之名稱雖古，因政治之情況而致默默無聞，然如謂自此以後將永遠湮沒，亦未必然也。晉而後，吾人檢閱中國史乘，亦有乾陀羅一名之對音。南北朝記大夏曰薄知。如中國史書中不見粟特之名，則其爲遺漏也明矣。

後漢書西域傳中有値得注意之一段曰：『粟弋國屬康居。出名馬牛羊蒲萄衆果。其土水美，故蒲萄酒特有名焉。』（註二四）。該國名通讀作粟弋，而古時恐讀爲 lit-yok，但終與 Soghda 或其他變形字無關。然在拼音上或有訛誤之可能，後當詳述之；捨此而不論，吾人亦可注意於如此有力之描寫能令人想及粟特之土地。第一、該地屬康居，如謂鄰接康居，則略有可疑之處，其位置應在康居之南。吾人自史記漢書中得悉康居東鄰烏孫，東北鄰伊列，西方鄰奄蔡，皆爲游牧民族，至其北之地，則中國史乘，並無記載。第二、書謂粟弋之特產爲沃壤，秀水，與名酒，其指明在錫爾河南之區域，並無錯誤。史載粟特爲產酒之地。漢書西域傳曰：『大宛左右以蒲萄爲酒，富人藏酒至萬餘石。久者至數十歲不敗。俗耆酒，馬耆苜蓿。』（註二五）。大宛卽 Ferghāna，所云附近之人民大概卽指粟特人。關於此點，北史之記述亦頗顯明，其述康國，謂卽係撒馬兒罕（Samarkand），其所載全爲粟特之特殊情形，如『多蒲桃酒，富家或致千石。連年不敗。』（註二六）。唐書所記之康國，對此特產之酒，亦有記載，云『土沃宜禾，出善馬，兵彊諸國，人嗜酒。』(註二七)最後，最重要者爲粟弋之『秀水。』粟特之土壤，灌溉得宜，故稱肥沃，中亞之古希臘作家咸時作愼重之報告，而阿剌伯之地理家亦極狂愛美麗之水景，亦有以 Soghd 與法爾斯（Fars）之 Biwān，大馬色（Damascus）之 Bhawtah 相比者，又加以 Obullah 之山谷，譽爲塵世之四大天堂。

馬加達西(Maqadassi)曰：『Soghd 與其京都 Samarkand 實爲一奇異之區域。其地村落毘連，周繞樹木花園，自 Samarkand 至 Boxāra 附近，沿路皆有；吾人既入其村，爲樹木所圍蔽，反不見其村之所在。其樹木繁茂，溪流廣佈，鳥鳴四起，洵世間最美之土地也。』伊斯他歇里（Istachri）亦同聲贊曰：『Soghd 突出於 Boxāra 之邊境，左右沿 Soghd 之 Wadi 直達 Buttam 之 Wadi，綿延長路，需八日之程。草地花園農莊特多，各地盡爲溪流。Soghd 之全境如一件青色錦緞衣，以流水之藍紋縫合，飾以白色之城堡屋宇。』賴得洛夫(Radloff)，爲今中亞該地之調查者，其贊賞亦不讓前人，盛譽其土壤之肥饒，草木之榮茂，物產之豐富，風景之動人，凡此諸美，皆歸之於水，故云：『凡此奇麗新異，皆得仰賴於水，其流經草原，猶如銀練，使幻爲天堂。其流水之快適，誠世間無雙。』

(註二八)。湯馬斯徹克謂 Soghd 係伊蘭語，解作『光明純潔』，該地自得此尊貴之河水，卽有蓬勃之象；適如 Zarafšān 之希臘名 Polytimetos 解作『寶水』，乃對於此河之崇高評價也。

今以晉書西戎傳關於粟弋之一節與後漢書較之；晉書曰：『康居國在大宛西北可二千里。與粟弋伊列鄰接。』(註三〇)。栗弋與粟弋，其名過於相似，而二地皆與康居毗鄰，由此觀之，則二者卽一名或此爲彼之訛誤也。晉書所記者，多半正確，蓋當時粟弋之音爲 Suk-yok，與 Sugdak 較密切，卽此可引以爲證。杜佑所著通典，亦有此相同之一節：『粟弋後魏通焉，在葱嶺大國，一名粟特。』(註三一)。關於粟特名稱之研究，容當後述之。

闡明 Suk-yok 及 Sugdak 雙方之語言關係之第一人爲夏德。但彼已抱有康居卽粟特之成見，今知歷史上之 Suk-yok 與康居有別，不能以粟特與康居相混，故乃更變意想中之康居地位矣。結果則謂晉之康居國，其京城蘇薤雖復稱爲 Sugdak，實不位於粟特，其時已行南遷，故知其應處於 Zarafšān 及打耳班(Derbend)之間，卽 Keš 所據之地位也。(註三二)此理論雖聰明，但證據則不甚充足。如欲以康居國爲 Kaška 流域之地，則須以 Suk-yok 之地爲 Sogdiana，但此與歷史上所載之伊列（Ilieh 卽 Ili）又有衝突矣。其近著關於伏爾加（窩瓦）之匈人與匈奴（Ueber Wolga Hunnen und Hiung-nu）一書中，又全更動其所關於 Suk-yok 之解釋。彼本以爲晉書所稱之粟弋（Suk-yok）卽魏書之粟特，及既得新論，乃謂二者本非 Sogdiana，乃黑海北岸之一區域矣。此須歸諸中國古書之假定以其中並無 Sogdiana 之名，但 Suk-yok 如位於沿黑海岸（Euxine 攸克辛海岸）之遼遠區域，吾人務須得其充分之理由也。

魏書西域傳及周書異域傳中有數節，其持論與 Suk-yok 卽 Sogdiana 適相反，由此夏德乃撤回以前之理論，故亦值得研討之。魏書之文曰：

『粟特在葱嶺之西，古之奄蔡，一名温那沙。居於大澤，在康居西北，去代一萬六千里，（本文誤作六千里，譯者註）。先是匈奴殺其王而有其國，至王忽倪已三世矣。其國商人先多詣涼土販貨，及克姑臧，悉見虜。高宗初（北史則載「文成初」譯者按高宗乃魏文成帝廟號），粟特王遣使請贖之，詔聽焉。自後無使朝獻。』（註三三）周書所記略簡，曰：『粟特國在葱嶺之西，蓋古之庵蔡，一名温那沙。治於大澤，在康居西北。保定四年，其王遣使獻方物。』（註三四）

粟特之名，推其古音則讀作 Suk-dök 或 Suk-dək 與 Sughdak 頗似。至其與粟弋之關係，吾人可同意於杜佑之所述，於二者之中，取用其一可也。（註三五）粟弋古音雖可假定爲 Suk-yok，但吾人可以安南語之『弋』即 dok 推論之，則其名又易讀作 Suk-dok 矣。

奄蔡究爲何國？與 Suk-dok 相同乎？漢書西域傳則言及之，曰：『康居西北可二千里，有奄蔡國。控弦者十餘萬人，與康居同俗。臨大澤，無崖，蓋北海云。』（註三六）後漢書西域傳亦有所記，曰：『奄蔡國改名阿蘭聊國。屬康居。土氣溫和，多楨松白草。民俗衣服與康居同。』（註三七）又據魏志所引魏略之一段，錄之如下：『奄蔡國，一名阿蘭，皆與康居同俗。西與大秦，東南與康居接。其國多名貂。畜牧，逐水草，臨大澤。故時羈屬康居，今不屬也。』（註三八）總觀關於奄蔡及其別名阿蘭之記述，即知西方作家所記 Alan，乃一居於鹹海及裏海以北大草原之游牧民族也，若 Suk-dok 確係奄蔡，則其非 Sogdiana 也明矣。

魏書及周書所記古之奄蔡即 Suk-dok，吾人可以信任至何種地步，尙係一問題。蓋後漢書關於二國乃分別記之者，此外，十三州志云：『奄蔡粟特各有長。』（註三九）魏略一方記奄蔡又名阿蘭而又一方則指爲另一獨立國，其足供參考之名乃稱 Suk-dok。以下所述，卽該書之一節『流沙西有大夏國、堅沙國、屬繇國、月氏國四國。』（註四〇）。其中大夏當指 Toxāra（卽 Tukhara）或 Bactria，而月氏則爲月氏之誤。至若堅沙，吾人自三國時代至唐代之地名誌中考查之，得其近似之名凡三：一爲玄奘西域記中之佉沙（Kašgar）；一爲水經注中之迦舍（Taškurgan）；一卽唐書之佉沙（Šahr-i-Sab）。三者之中，佉沙(Kašgar)及迦舍可以除出不成問題，蓋魏略以疏勒代佉沙，設描著西域之研究所指不誤，則魏略載有疏勒之屬國曰竭石國，卽迦舍也。如是則唐書之佉沙之所在地，余以爲乃在撒馬兒罕之南，Kaška 流域之 Kešš（渴石）也。吾人可認定佉沙乃 Xwarizm（花剌子模）之縮寫，但須記中國所寫者，多保留其末後 Zim 之痕跡，如唐書之驩潛(Xuan-Č'ien）與火尋(Xua-sim)，依此考據，卽可決定其所指者，卽 Kešš 也。魏略所載之四國，其中大夏、月氏、佉沙，或 Kešš 據於葱嶺之西，但吾人亦能證實屬繇亦據該地。屬繇之古音爲 šuk-yo，然自安南人讀其第二字爲 tra 以推定之，可知其有變化之可能性，根據上述 Suk-yok 及 Suk-dok 間之相似處，知繇字亦可讀如 do，以故在調查中之該國國名必讀作 Šuk-do 矣。以其名與其地合而觀之，則必爲 Suk-dok 無疑，因之對於魏略書中所記之奄蔡，其提及 Suk-dok 所以另行分述之故，於此可明矣。

由此觀之，魏書、周書所載各節，其謂 Suk-yok 卽奄蔡者，吾人須斥其誤。關於此項謬誤，余亦頗易申述，惟容待以後作全章之討論耳。同時猶須知該二書所載關於 Suk-dok 之各項，卽該地臨大澤，西北與康居鄰接，乃出自後漢書之記述奄蔡中，以爲奄蔡卽 Suk-dok 也。又史記正義所引括地誌，亦有類似之誤，謂：『有奄蔡，酒國也。』（註四二）。據其所記載，竟以奄蔡與 Suk-dok 相混雜矣。

第四章　粟特昭武姓治下之九國或六國

魏書謂粟弋卽奄蔡，其謬誤已見前述，但自漢代迄於南北朝諸史中，皆爲二地作明晰之分述，而魏書竟蹈此顯著之錯誤，豈不怪哉。余猜度其錯誤乃由於 Suk-dok 之另一名曰溫那沙。大概奄蔡之音與溫那沙較似，故其筆遂任意以 Suk-dok 與該較古之國相合爲一矣。但溫那沙之本名爲何？或此轉寫爲溫那沙之原名爲何？吾人欲得此問，卽須研究直至唐代之粟特全史，但余以爲此問題之最初關鍵乃在隋書西域傳記述康國之一段上。爰將該段引出，後當再討論之。

「康國者，康居之後也。遷徙無常，不恆故地。然自漢以來，相承不絕。其王本姓溫，月氏人也。舊居祁連山北昭武城，因被匈奴所破，西踰葱嶺，遂有其國。支庶各分王，故康國左右諸國，並以昭武爲姓，示不忘本也。王字代失畢，爲人寬厚，甚得衆心。其妻突厥達度（本文作達頭，而隋書作達度，譯者註）。可汗女也。都於薩寶水上阿祿迪城，城多衆居。大臣三人，共掌國事。其王索髮冠七寶金花，衣綾羅錦繡白疊。其妻有髻幪以皂巾。丈夫翦髮錦袍。名爲强國，而西域諸國多歸之。米國、史國、曹國、何國、安國、小安國（本文缺小安國譯者註）、那色波國（本文作那色波國，譯者註）、烏那曷國、穆國皆歸附之。有胡律置於祆祠，決罰則取而斷之。重罪者族，次重者死。賊盜截其足。人皆深目高鼻多鬚髯，善於商賈，諸夷交易，多湊其國。』（註四二）

由上之引證，可知其所述之康國，卽在舊康居之故地，吾人已確定其地在錫爾河以北，但如再明白觀之，則又非其事矣。唐書曰：『康者，一曰薩末鞬，亦曰颯秣建，元魏所謂悉萬斤者。』卽撒馬兒罕，（註四三）。凡此類別名，當卽其本名 Samarkand 之轉寫。謂康國卽康居，亦勢所必然，但觀隋書、唐書之編纂者，以其幻想定粟特爲康居人民之眞正故鄕，吾人猶須重複申述之。康之名，西方學者多據字原而推考之，但余以爲該地決無此土名，愚意康國二字，乃漢文之『國』字及其專名『康』字相合而成者也，而『康』字乃康居之縮寫，因有康居卽粟特之設想，史家遂以此與中國相似之名而加於 Samarkand 矣。

根據上述之康國，吾人調查之第二點，卽在承繼月氏之統治世族，其族始於祁連山北之昭武城。言雖如此，但尚不足爲信，蓋又有他說也。關於月氏族永據粟特，而其少數後裔歷數世仍握統治之權，此項記載歷史並無可靠之證實。即如史家所謂康國即康居，則亦不能以康國與月氏並論，蓋漢書述康居與月氏，皆有淸楚之區別(註四四)。人固知月氏自爲匈奴逐出後，即行西遷，後不得已而入大夏，遂安居於此。若輩本可立下粟特之地，但其時該地已在強壯之康居人民掌握中，如以上之所述，故無從插足，祇得往南另覓新居矣。至月氏族之來歷，據中史所述，謂早時若輩即建國於祁連山及敦煌間，但祇見隋書有『祁連山北昭武城』一語，以前則尚未有聞也。

隋書記該族之來歷及其統治粟特等等，盡屬子虛，吾人必見而生疑。觀夫其中述及祁連山與昭武城，亦祇爲中國歷史所獨有，吾人遂可結論其所記者非粟特人民之故事，僅爲中國一方面之虛誕設想耳。古時中國作家，似多以本國文獻所習見之人名作爲各外國史之開始。故謂匈奴族爲中國古時帝王夏后氏之後裔，日本爲吳太伯之後；（譯者按：此日本舊史家自撰之詞，豈可反誣中史）大秦即東羅馬，亦出自中國，而鏺汗（即Ferghāna）爲渠搜古國，則見於書經之禹貢。隋書之作者知諸侯之在粟特，皆得享一族名，似音昭武，乃推知該名取自中國酒泉郡昭武縣，而其地在漢代則曾爲月氏族所據者也。因之，作者或即以此爲其種族來源之根據矣（譯者按：此等語皆屬臆斷）。

在粟特執行統治權之族名，實非中國之名，爲隋書所誤記，但無論如何，該名之發音，必有數字與昭武同音，其古音則讀作 Čao-bu。研究該名者固多，但結果其意見尙不能一致。前余所著烏孫人民之研究一書中，作文贊成克銀瀚（Cunningham）氏之主張，謂大月氏王迦膩色迦之錢幣上刻有 Šao 一字，以爲卽屬此字也（註四五）。然今則余知其言之不妥，惟不易回答耳。伊蘭文之 Šao 字，卽王之謂也，既已爲王，當不能以此名其族矣。且其音亦與昭武二字不符，至古代讀如 Čao-bu 前已明述矣。吾人知伊蘭之 šāh 字，係由單獨一『殺』字或『沙』字轉寫而來，非二字之轉寫也。

湯馬斯徹克以爲康國王族之名昭武，乃自伊蘭族相傳之英雄 Siyāwuš 而來。彼見阿維斯他經中有名 Kanha 之地，在 Vourukaša 湖之東；Šah-Nāmah（諸王之書）中有 Turan 王 Afrāsiāb 之京都，亦作康。Čin 海後之東，有天國名 Gau Kangdiz Siyāwuš 王建石堡於此。該數地雖係無稽之談，但學者以爲亦可作爲史實，且吾人咸知伊蘭族時以稗史傳奇之名以名其東北諸地也。勞林孫(Rawlinson)推知塔什庫爾干(Taškurgan; Tash-kurghan)亦曾名康；阿剌伯地理學家謂Kang-dhi在Isping-ab及Fārāb間，藥殺水之北，諸王之書中則述Boxāra（布哈拉）之Baikand及Xwārizm（花剌子模）皆寫作Kang-diz，世界四天堂之Soghd，亦康國也。伊蘭之傳說，稱Samarkand（撒馬兒罕）曰康，由此該作者，遂推論該本名Siyāwuš之康國王，其族名原爲相傳之伊蘭英雄之名，特取以耀其王族者也（註四六）。此論全以歷史之K'ang及傳奇之Kang間所設想之關係爲根據，而吾人又知K'ang爲中國史家對於康居之略寫，於西方諸地究竟如何，則未及知悉矣。

湯馬斯徹克爾於康國在人種學上之理論，余亦反對。隋書謂康國即康居之後，及其王爲月氏人，全屬不確，但吾人由此亦可推論在漢代有一游牧民族建立此國，其統治階級則非伊蘭人，此乃自北方闖入之游牧民族，而將伊蘭土民克服之者。隋書所述康居人民之習尚，尚無錯誤，其所記謂常人翦髮，而王則索髮垂辮，倣突厥人之辮式。總此寥寥數語，當不足證其王之屬於突厥族也。據載王妻乃突厥可汗之女，此外如推究其國家在當時之地位，則康國王必歸突厥可汗之保護，由此可知其王乃生而爲伊蘭族，但其髮式則倣突厥也。而王名代失畢，如以原文讀之，更顯雄健。突厥音讀作 Taš-bi Taš 者「石」也，bi 者「王」也，合而遂爲「石王」（註四七）。該 bi 字卽「鼻」，因康居王稱爲「那鼻」，且此字猶似烏孫之 bi（靡）字，故在自古至今居於吉利吉思(Kirghiz)草原及天山兩旁之突厥人，其土語作 bi，必與上述者相同。吾人自突厥之碑文上觀之，知此字亦卽突厥語之 bög，卽達度可汗（本文作達頭，譯者註）治下之西突厥亦同此。大概康國王之言語，乃上述之突厥土語，與阿爾泰及鄂爾渾流域之突厥語，略有不同。

康國王乃突厥族人，總觀以上所述，如其有突厥性質之名，垂髮辮，自遊牧或其他類乎此之人民所組織之家庭，凡此種種，無一非堅強之證明。而康國王之諸祖先，卽康國之建設者，亦顯見其爲突厥族，若輩自北遷入，逐出粟特之伊蘭人民。由此觀之，康國王對於突厥可汗，必敬若天神，故歷任諸國王殊不能以被征服種族相傳之英雄以名其族也。

馬迦特（Marquart）謂昭武卽月氏國王錢幣上所刻之 "Kušana Javugasa"。Javugasa 乃 Javuga 之所屬格，該句卽解作 "Kušan 之 Javuga 的" 馬氏以爲 Javuga 爲 Kuniška 王

時月氏王族之名，撒馬兒罕之統治階級亦取為己名；數世紀後，貴霜（Kušana）人民雖已不用，但粟特則通行之，為時甚久，中國史乘因之而有其名稱(註四八)。人皆以為月氏自征服粟特後，再征服大夏，但其事殊屬不確。馬氏更進一步，作後漢書班超傳所述之康居國王曾娶一大月氏王女之討論，以為此即造成其在粟特取得貴霜族名之一原因。該理論如何可置而不論。而余則信賴夏德之見解，即 Javuga 乃貴霜之官名，漢書複寫作翎侯，即突厥文之 Jabgu （漢文名葉護）也。

沙畹(Chavannes) 亦有一關於昭武字原之著作，頗堪注意。沙氏由陁拔紀年(Tabari) 所云知哥士婁（Khosroû Anoûchirvân）王之繼任者 Hormizd 第四當其在位第十一年時，突厥王 Sâba（Schaba）領兵三十萬來侵，兵至 Bâdhaghis 及 Herat（哈烈）兩地，波斯遣大將 Bahrâm Tchoûbin 禦突厥，敗之，王陣亡，乃進兵至 Baikand 城，擒王子 Barmoûdha，又虜掠其財物；又在 Thaalibi 中云可汗名 Šaba-Šah 者，以十萬騎至 Balkh，欲取伊蘭。觀以上之歷史記述，沙氏遂得一結論，謂該侵略者 Šaba 實有其人，非突厥之大王，乃突厥保護下之粟特君主也。Šaba 係阿剌伯語，波斯作 Šawa 因之沙氏遂疑為昭武，此皆出於 Abel Rémusat 之指示也(註四九)。昭武二字之來原雖有各說，此論則似有更確實之根據，但究竟如何，尚爲未定之論耳。

昭武之來原可自闕特勤（Kül-tegin）之突厥紀念碑上之一段 "alty Čub Sagdyq tapa sülädimiz" 文中尋一最後之端緒，但並非不重要者。此爲首之三字 Čub 能令人聯想及『昭武』（Čao-wu 或 Čao-bu）二字。賴得洛夫（Radloff）讀爲 "Sogdyq 之六 Čub"（註五〇），馬迦特則略異，讀作 "六 Čub 之 Sogdyq"（註五一）。而湯姆森（Thomsen）不悉 "of" 之意，以爲 aly Čub 乃另一地名。湯氏謂該地較突厥略近，較 Sogdiana 則略遠，位於 Ču 河之上流，或如唐書所述，Ču 卽素葉，距伊斯色克庫里湖（Issik Kul）不遠，在 Türghes 族之故地以南；故突厥欲侵粟特必經此國。（註五二）。以湯氏之見，則與『昭武』二字絕然無關，但問題乃在究竟 Čub 是否可與 Ču 相連，方爲合理也。唐書記該河曰素葉，其土名則稱 Suj-āb。此字係以首字 Sui 及末字 ab（解作河）相合而成，縮寫之，則類似 Čub 一字也。關於該問題，尚有巴索爾脫（Bartholdt）之意見可以發表，巴氏以爲讀 "alty Čub 之 Sogdyq" 可讀作 "Sogdyq 之 alty Čub"，然此論對於馬迦特所謂 Čub 卽大月氏語之 Javuga（註五三），尚無所補也。

余以爲此突厥語，不論其二種讀法，皆可證明粟特在當時，乃由昭武族六國組成之。根據以上所引隋書之一句，『故康國左右諸國，並以昭武爲姓，』可證實其地實有 Čao-bu 數國。在唐代當時人以爲該處之地位，與上述者相似，玆引唐書康國之一段以明之：『康者，一曰薩末鞬，亦曰颯秣建，元魏所謂悉萬斤者。其南距史百五十里，西北距西曹百餘里，東南屬米百里，北中曹五十里。在那密水南，大城三十，小堡三百。君姓温，本月氏人。始居祁連北昭武城，爲突厥所破，稍南依葱嶺，卽有其地。支庶分王，曰安、曰曹、曰石、曰米、曰何、曰火尋、曰戊地、曰史，世謂九姓，皆氏昭武。』(註五四)。由此可知昭武各支庶分治粟特之情形，而『昭武九姓』固已著稱於世矣。隋書謂粟特有九國，卽康國及其餘所屬八國，二者相較，稍有不同。蓋昭武諸國，因朝代之更換，亦有變遷也。若諸國在隋、唐時如此，則在南北朝時將遭何變故乎？若謂因唐代某時，卽突厥紀念碑上之時代，粟特之昭武有六國，並非九國，故有"alty Čub Sogdyq"之言，此非不能者乎？設或可能，則若輩對於唐史所載之『九姓』將如何使之融會貫通？欲答此項問題，吾人須搜集關於有記述粟特諸國與昭武氏之史料而利用之。余今先述康國。餘則逐一而考之，因隋書謂諸國係獨立之國家，故分別記述之也。

一　康國

吾人觀隋書、唐書之引證，知康國居於粟特昭武諸國之中央，由王族之正宗統治之，其餘各國，則歸於王族之分支。其所謂 Samarkand（撒馬兒罕）卽係唐書之薩末鞬無疑，而元魏則爲悉萬斤。魏書本紀謂悉萬斤時來進貢，該悉萬斤一節，係另行分述於西域傳中。爰錄之如下：『悉萬斤國，都悉萬斤城，在悉密（本文作悉蜜，譯者註）西，去代一萬二千七百二十里，其國南有山名伽色那，山出師子。每使朝貢。』（註五五）。撒馬兒罕之南，渴石（Kešš）之北，實有一山名曰伽色那（Kašāni），乃渴石（Kešš）之別名也。自南北朝迄於隋唐時代，中國史家多以康國名 Samarkand，余之前文已斷明漢字簡稱康居爲康，末附以國字，但粟特人則不用之。而漢書所記古康居，有以爲卽粟特者，此誤之由來，乃出於唐高宗（西元六五〇年至六八三年），以撒馬兒罕爲『康居都督府』之故也。

隋書謂康國京都據薩寶水上，而唐書則謂該國在那密水之南，薩寶那密皆 Zarafšān 也。依湯馬斯徹克之見解，『那密』二字乃自伊蘭語 Namîdh 或 Namiq 蛻化而來，卽榮譽名望優秀之謂也。亞歷山大時代希臘稱此河曰 Polytimetos，其名亦含有同樣意義，蓋若輩乃就 Namîdh 而譯其意云。由此可知此河之名，較薩寶尤古。沙畹始以爲那密卽薩寶，此薩寶一名唐代祆教僧人亦用之。（註五六）。宋敏求長安志曰：『布政坊西南隅胡祆祠，武德四年立，西域胡祆神也。內有薩寶（一本作薩實）府官，主祠拔神，亦以胡祝充其職。』祆教產生於粟特及大夏、隋唐時二地頗盛行，凡此皆見於中國之史書。唐書述康國奉祆神，隋書謂該國人民之蠻夷法典置於一祆祠內。通典所引韋節西蕃記，亦有記述其人民者，曰：『俗事天神，崇敬甚重。云神兒七月死，失骸骨。事神之人，每至其月，俱著黑疊衣，徒跣撫胸號哭，涕淚交流。丈夫婦女三五百人，散在草野，求天兒骸骨，七日便止。國城外別有二百餘戶，專知喪事，別築一院。其院內養狗，每有人死，卽往取屍，置此院內，令狗食之。肉盡收骸骨埋殯，無棺槨。——』（註五七）。以屍體餵鳥犬爲祆教之教規，此種怪俗，古時作家 Onesikritos 卽提及之，謂粟特與大夏有異俗，卽以老朽者供犬食，養育畜類，特爲此用。關於粟特崇奉祆教，通典引杜環經行記有云：『康國在米國西南三百餘里，一名薩末建，土沃人富，國小，有神祠名拔。——』（註五八）。大概此拔字，卽波斯語之寶座。康國爲奉祆教之國，證據累累，其薩寶經堂在中國京都之祆祠中雖亦有之，但根本則出自西方之故土也。由此可知吾人得謂 Zarafšān 或係由薩寶一名化出，而沿岸某著名之祆祠，其名即爲薩寶也。

二　米國

隋書記米國云：『米國都那密水西，舊康居之地也。無王，其城主姓昭武，康國王之支庶，字閉拙。都城方二里，勝兵數百人。西北去康國百里，東去蘇對沙那國五百里，西南去史國二百里，東去瓜州六千四百里。大業中，頻貢方物。』（註五九）唐書曰：『米或曰彌末，曰弭秣賀，北百里距康。其君治鉢息德城。』（註六〇）

上述米國，阿剌伯則稱之爲 Māimarg 或 Māimarg。阿貝爾 (Abel Rémusat) 以爲 Mi（或 Mai) 爲 Māimarg 之中國簡稱，湯馬斯徹克則斷定該國即今之 Ğumà-a-Bazar。（註六一）

三　曹國

隋書曰：『曹國都那密水南數里，舊是康居之地也。（本文未引此一句，譯者註。）國無主，康國王令子烏建領之。都城方三里，勝兵千餘人。國中有得悉神，自西海以東諸國並敬事之。其神有金人爲金破羅（本文作金波羅，譯者註。）闊丈有五尺，高下相稱。每日以駝五頭，馬十匹，羊一百口祭之。常有千人食之不盡。東南去康國百里；西去何國百五十里，東去瓜州六千六百里。大業中，遣使貢方物。』（註六二）。唐書則就曹國分爲東曹、西曹、中曹而一一述之，其文曰：『東曹或曰率都沙那、蘇對沙那、劫布呾那、（本文作劫布咀那，譯者註。）蘇都識匿，凡四名。居波悉山之陰，漢貳師城地也。東北距俱戰提二百里，北至石，西至康，東北寧遠，皆四百里許；南至吐火羅五百里。西曹者，隋時曹也。南接史及波覽，治瑟底痕城。東北越于底城（本文作越干底城，譯者註），有得悉神祠，國人事之。中曹者，居西曹東，康之北，王治迦底眞城。』（註六三）。

上述唐書東曹諸別名，除劫布呾那（本文作 Čieh-pu-cü-na 則呾當作咀，惟下又引阿剌伯文 čü 作 tan，譯者註。）外，餘皆玄奘西域記所謂之窣堵瑟那，亦卽阿剌伯文之 Osurušana 或 Sutrušana，而巴伯爾王(Baber)亦證明該地卽今日之 Ura-tüpä。唐書之曹國，卽隋書之曹國，唐書雖未言明該國屬昭武族，但隋書謂曹國歸康王之子所統治，故知東曹之君主實屬於昭武族也。西曹京都曰瑟底痕，阿剌伯文則落去其爲首之母音，轉寫作 Ištexan 或 Ištexanğ。湯馬斯徹克以爲該城在 Zarafšān 所屬主要支流之 Ak-darya 沿岸，故卽今 Kattah Hurgan 及 Čiläk 間之 Ištikhan，亦多利買氏地圖上之 Astakan 也。又阿剌伯文旅行記中，謂該城曾爲全粟特之京都。(註六四)中國在南北朝時代，方知其地。魏書西域傳曰：『色知顯，都色知顯城，在悉萬斤西北，去代一萬二千九百四十里。土平，多五果。』(註六五)如此，吾人或認其稍有錯誤，然色知顯爲 Ištexan 之轉寫，殆無疑矣。

唐書謂東曹或曰劫布呾那，但玄奘西域記則稱之曰窣都瑟那，該名亦惟東曹有之。吾人可斷定後述者爲不誤。蓋劫布呾那顯由阿剌伯文之 Kapūtana 蛻化而來，而 Kapūtana 之故地，據稱卽爲 Gubdan 或 Gubdun 者，在撒馬兒罕北 Kodym Tau 之麓，Bulanghyr 之流域也。(註六六)南北朝時，已聞有其地，見魏書西域傳中一節，當能明之。其文曰：『伽不單國，都伽不單城，在悉萬斤西北，去代一萬二千七百八十里。土平，宜稻麥，多五果。』(註六七)

所謂得悉神究爲何物，尙無一致之見解。夏德以爲當與 Tös（多數作 Töstör），比而觀之，范倍萊由巴拉士(Pallas)之著作而知其爲阿爾泰部落所置於帳東之偶像。(註六八)沙畹則又以爲不然彼謂該問題猶未得解答也。(註六九)在夏德以前二十年，湯馬斯徹克已謂得悉乃波斯教之Teštar（或稱 Tištrya），(註七〇)但以余所見則此說並不較他說爲確實。余深信二說皆不誤，Töštör 卽 Teštar，而又皆爲得悉也。吾人初以爲突厥阿爾泰族所崇拜之 Töštör，顯與伊蘭神Teštar 不同。但又可斷言突厥人有時亦不能全然消除伊蘭宗教之信仰所與之影響也。突厥人與蒙古人有一種巫術曰 Jada（鮓答），爲人所共知此種巫術，卽明示其尙未脫離伊蘭之本也。又突厥人稱天曰 Hormuzda，亦爲伊蘭人所稱之名。因云，突厥人遂得學習崇奉伊蘭 Teštar，係可能之事，但其神名則變爲 Töštör 矣。故欲詳述得悉神，大可以 Teštar 作爲一助也。斯庇琪爾（Spiegel）對伊蘭神曾有專心之描寫，吾人當引以爲幸。茲引之如下：(註七一)

Zend（經名）謂彼初僅一星神，後偶得賜水之權，其地位遂升高，與日月相並。在阿維斯他經中，則彼已高居羣星之首位。在 Vendidad 經中，又化爲金角金蹄之牡牛，有時化爲聖星，以示『光明尊嚴。』在 Yasht 經中彼爲水神之化身，人皆以守護神崇之。乃反抗 Daeva、Pairika 以及其他惡魔者。惡魔降旱災於人間，其中有巨魔曰 Daeva Apasha，則專以阻止供給人類飲水爲務。每月十日，該善神必化爲少年，再化爲牡牛，後又化爲馬，巡行人間，至於最後之化身，卽接受人類供奉之酒(haoma)肉，而彼則答以馬、牛、羊之大量生產，又使人類之靈魂得恢復其本元。此種供奉，使當不得已而戰爭時，可出全力以從事也。後至 Voūruka 湖爲人類取水，有射箭仇人化作怪形黑馬，伏路旁挑戰。雙方戰事起，此人類之友因受供物不足，體遂不支，不久仇人卽據當地之主位，以魔力阻雨下降。正値危急之際，大神 Ahura Mazda 手持兵器出而助戰，閉其電光，仇人遂遁。遁時作呻吟聲，是爲雷。

故知 Teštar 爲賜雨水者，據萬物之上，粟特地處沙漠，亟需雨水之法力，使變爲樂土，故其崇拜之偶像卽 Teštar，亦爲一理由也。是其人民前因供奉 Teštar 神不足，致罹大難，今則每日奉獻得悉神，其品物之多，亦堪注意矣。斯庇琪爾謂 Teštar 神除行賜水之善事外，又爲指南針各方之守護神，但對東方尤加衞護。(註七二)所謂 Teštar 與 Töstör 之關係，亦可以確定矣。蓋阿爾泰族習以 Töstör 神像設於住宅之東方，故知其必爲 Teštar 神也。

四　何國

隋書述何國曰：『何國都那密水南數里，舊是康居之地也。其王姓昭武，亦康國王之族類。都城方二里，勝兵千人。其王坐金羊座。東去曹國百五十里；西去小安國三百里；東去瓜州六千七百五十里。大業中，遣使貢方物。』(註七三)。唐書曰：『何或曰屈霜你迦，曰貴霜匿，卽康居小王附墨城故地。城左有重樓，北繪中華古帝，東突厥波羅門；西波斯拂菻等君王。其君旦詣拜則退。貞觀十五年，遣使者入朝。永徽時，上言聞唐出師西討，願輸糧于軍。俄以其地爲貴霜州，授其君昭武婆達地刺史，遣使者鉢底失入謝。』(註七四)。

唐書所載何國諸名，所謂屈霜你迦，乃阿剌伯文之 Kušānika，波斯文之 Kušāni，中世紀伊蘭語之 Kušānik，而貴霜匿似爲稍有改變之名。謂 Kušāni 乃 Soghd 最文明之地，爲各城市之中心(註七五)。隋書稱『何』，當爲簡稱，則原名究爲何？歷史載西方國名皆作簡稱，且大多取其爲首之字，固已前有明例矣，如康居之『康』，安息之『安』，亦有直取其原名之一個音者，如 Maimarg 之『米』，Amol 之『穆』，Kešš 之『史』。今『何』必不屬前者之一類，吾人如以 Kušāni 比較之，則其同時代之音大概爲 Xa，而 Kušāni 各部音皆不與之相同。由是吾人可注意湯馬斯徹克所稱『何』即 Gao 之說，Gao 載於阿維斯他經中。（註七六）。又馬迦特以爲『何』即 Qai，Ibn Hauqal 指 qai 在 Sogdiana 之中心。（註七七）。

唐代所編纂之酉陽雜俎中述有西方國家名孝億者『孝億』二字與 Gau 或 Gava 十分相似，當時其音必讀作 Xau-oh。吾人乃可研究該文對於何國或 Kušāni 之描寫曰：『孝億國界周三千餘里，在平川中。以木爲柵，周十餘里，柵內百姓二千餘家。周國大柵五百餘所。氣候常煖，冬不凋落。宜羊馬，無駝牛。俗性質直，好客侶。軀貌長大，蹇鼻黃髮綠眼，赤髭被髮，面如血色。戰具唯矟一色。宜五穀，出金鐵。衣麻布，舉俗事妖，不識佛法，有妖祠三百（一曰千）餘所。馬步甲兵一萬，不尚商販，自稱孝億人。丈夫婦人俱有佩帶，每一日造食，一月食之，常喫宿食』（註七八）。

『妖』係『祆』之誤，該國有祆祠三百，故其教極爲盛行。當時祆教西行至葱嶺，包括波斯及在俄屬土耳其斯坦之諸伊蘭國家，Persia 既時稱爲波斯或波剌斯，則所謂祆教之孝億必爲土耳其斯坦境內之國家，或即 Kušāni 也。至若孝億之平川，即離何國數里內之那密水。但以上所述之其他各點，則似非粟特境也。又由上述引證，吾人固知孝億無駝牛，但謂亞洲此部分之任何國家皆屬如此，則吾人不得斥其顯爲誤載矣。此外猶有一點，則不如前者之忽略，卽述孝億人民頗淡於經商。此爲該地之特點，非俄屬土耳其斯坦諸族皆如此也。蓋吾人須知人民之有商業傾向，一本自然，而又由於陸地交通之便利也。兹引史記大宛傳關於大夏一節以明之：『大夏在大宛西南二千餘里，嬀水南。其俗土著有城屋，與大宛同俗。無大王長，往往城邑置小長。其兵弱，畏戰。善賈市。及大月氏西徙，攻敗之，皆臣畜大夏。大夏民多，可百餘萬。其都曰藍市城，有市販賈諸物。』（註七九）。此節乃述大夏（Bactria）者。大月氏曾在其地征服伊蘭之土著而統治之。大月氏爲突厥游牧民族，該族發軔於甘肅省西部，由此可見其人民之和平及善於經商之性情，與兇猛好鬬之侵略者適得其反。唐書西域傳關於康國之一節，亦有其特性之描寫，其文曰『善商賈，好利。丈夫年二十，去傍國，利所在無不至。』（註八〇）。由此可知當時撒馬兒罕（Samarkand）人民對於經商有極大之癖好。魏書西域傳記粟特曰：『其國商人先多詣涼土販貨，及克姑臧，悉見虜。』（註八一）。粟特爲 Sugdok 之轉寫，在南北朝時，非指 Sogdiana 之全部，僅爲 Kušānik 或何國之特別區域。若其商人遠赴東方之涼土，（今之涼州），則其經商之熱忱，當亦不讓撒馬兒罕人。關於此點，容後再行詳述。今知孝億人民不好商賈，且有大隊馬步甲兵，故知其國對於軍士生活比較重要。又述該國人民慣運糧食可以維持一月之久，此種習慣吾人不能忽視之。蓋此即游牧民族之正確標記，非其他定居人民行商務農爲生者，惟 Kušāni 方有此種情形也。

另一方面，亦有重要者可述，即大夏（Bactria）及粟特（Sogdiana）之人民，依歷史之記載，時分爲二類：一爲統治階級及好戰外人由侵入而爲統治者，一爲被治階級，即酷嗜和平生活之伊蘭土著。外人之爲統治者，自中國史上所稱戰國時代以後相繼不絕，計有希臘軍士、大月氏人、康居人、嚈噠人（Ephthalites）、突厥人，先後佔領此國。大月氏統治此國，直至唐高宗時，其後阿剌伯大將 Kotaiba 直入二土耳其斯坦而征服之，最後所有阿母河南一帶地方，盡歸阿剌伯統治。第九世紀前半葉，有書曰酉陽雜俎，謂有俱德建國祆祠內銅馬，民皆崇之，惟大食王不信而欲毀之（註八二）。所謂俱德建，大概即唐書地理志之久越得犍（註八三）。其音略有不同，沙畹以爲其地即阿剌伯文之 Kowadhijan，其地當在阿母河以北一支流名 Kafirnagân 之下流區域（註八四）。由此可知阿剌伯人征服大夏（Bactria）後，即欲消滅其地之波斯教，此種情形，與粟特頗相似，且可推知其統治伊蘭士著之優越階級之親王與戰士皆阿剌伯人也。故吾人可說明孝億人民之生活態度與 Kušāni 國中之一半外人統治階級者相同，皆漢視經商，經商之特性則為其他一半人民所具者也。觀以上所述吾人可推定孝億必為 Kušāni 國，總之，孝億（Xao-oh）二字全係仁德經（Zend）上之 Gau 或 Gava 之轉寫，即 Ibn Hauqal 之 qai，如加以更正，則為 Ga'i 而『何』（Xa）亦此字之縮寫也。唐書既載何國，又載貴霜匿一國，用二名，亦即此理也。

五　安國

隋書曰：『安國，漢時安息國也。王姓昭武氏，與康國王同族。字設力登，妻康國王女也。都在郍密水（本文作那密水，譯者註。）南。城有五重，環以流水。』（註八五）。唐書曰：『安者，一曰布豁，又曰捕喝，元魏謂忸蜜（本文作忸密，譯者註。）者。東北至東安，西南至畢，皆百里所。西瀕烏滸河，治阿濫謐城，即康居小君長罽王故地。大城四十，小堡千餘。……其王訶陵迦又獻名馬，自言一姓相承二十二世云。是歲，東安國亦入獻，言子姓相承十世云。東安或曰小安國，曰喝汗，在那密水之陽，（本文作那密水之陰，譯者註。）東距河二百里許，西南至大安四百里。治喝汗城，亦曰饟(譯者按：此饟之俗字)斤。

大城二十，小堡百。顯慶時，以阿濫爲安息州，卽以其王昭武殺爲刺史；籛斤爲木鹿州，以其王昭武閉息爲刺史。』(註八六)觀隋書所載，可知『安』非其國之全名，乃漢書安息之縮寫，而其縮寫之格式則已誤。唐書謂安爲布豁與捕喝之別名，卽阿剌伯文之 Boxāra 中世紀伊蘭文之 Boxaraq，突厥文之 Buqaraq 也。(註八七)上述諸名，隋書中皆無之，但中國南北朝時已聞有 Boxāra 之名。魏書及北史之西域傳皆載曰：『副貨國，去代一萬七千里。東至阿副使且，(北史則作阿富使且)，西至沒誰國，中間相去一千里，(本文作一千五百里，譯者註。)南有連山，不知名。北至奇沙國，相去一千五百里。國中有副貨城。』(註八八)該段所述，顯係寫 Boxāra 者。其鄰近沒誰國，或卽魏書所載之牟知與唐書所載之戊地；又奇沙國似由 Kešš 蛻化而來，Kešš 通常縮寫皆作『史』。至其國南之不知名山，或卽大雪山也。魏書記忸密，係另作一個，故行分述，而唐書則謂該國卽 Boxāra，殊足令人稱奇。魏書之文曰：『忸密國，都忸密城，在悉萬斤西，去代二萬二千八百二十八里。』阿剌伯人稱 Boxāra 爲 Numiǧ 或 Numiǧ-kat，故知忸密必爲此二字之轉寫，但史家知有忸密，而不知該國卽 Boxāra 也。

隋書、唐書中，其記載西方諸國之國名，與漢代之史頗多乖迕，如今所述之安國，尤爲顯例，故當詳論之。隋書所記之安國明爲 Boxāra 也。隋書著者曰，安國，漢時安息國也，而安卽安息之簡稱。所謂安息，實卽 Parthia，而 Boxāra 則與 Parthia 無關，蓋自漢武帝時，Boxāra 附於 Greco-Bactrian 王國，其後則在康居人民掌握中，並未成爲安息領土之一部分。隋書著者稱其國曰安，實爲大謬，而唐書竟不加研究而鈔襲之，故其誤亦同。唐書謂安國京都爲康居小君長（本文作舊君長，譯者註）之故地，但漢書則以安息、康居二國分而述之，其所記不同，顯爲唐書之自相矛盾。唐代政府以安國京都（卽 Boxāra 之京都）指定爲安息州，實不切當，但當局亦祇能隨史官之言而從之耳。以饞斤城爲木鹿州，亦同此理，蓋漢史著者所稱之木鹿，卽今之謀夫（Merv）也。其地在安息之東，與粟特西南部之小安國並不接壤。以上諸例，皆隋、唐史家貿貿然依據前人之記載，而以西方國家與城市視爲與某某等地相同者，結果遂混淆是非矣。

安與小安兩國，不僅載於隋書西域傳之康國一段中，魏書亦有之。北史則祇述小安，不提安國。然吾人固知魏書之記載乃鈔襲北史之西域傳，而北史則錄自隋書之西域傳，故北史省卻安國，殊屬不合，故余疑爲謄寫之遺失，且限於當時僅存之刊本。若隋書既敘述小安，又獨述安國，而唐書則謂小安與大安相接，以示分別，由此可知自隋代時安國卽分大安與小安矣。唐書謂東安或曰小安，又曰喝汗。其所稱東安，當爲西安之對照，但吾人讀唐書，並不見西安其名，殊堪稱怪。然西域記一書中，有述伐地國一節，其文曰：『唐言西安國。』（註八九）由此可知唐代中國人稱東安爲小安或喝汗，稱西安爲伐地之故矣。西域記所述伐地國有云：『伐地國周四百餘里，土宜風俗同颯秣建國。從此西南五百餘里，至貨利習彌伽國。』（註九〇）貨利習彌伽卽基華，據地理之觀察『西北』二字頗易誤寫作『西南』。唐書名基華曰火尋，已見於前，至西域傳所述之火尋則曰『東南六百里距戊地』。（註九一）伐地與戊地二名頗相似，其與基華之地理關係亦同。故二名或卽一地，或則二者之中，必有一誤，欲知何者確實，則需另取一相似之字，此卽戊地，在唐書康國一節中，謂戊地亦昭武九姓之一，如是則戊地頗可作爲卽伐地與戊地矣。此外，魏書有名爲牟知國者，曰：『牟知國，都牟知城，在忸密西南。去代二萬二千九百二十里。土平，禽獸草木類中國。』（註九二）前已敘及捕喝或大安皆係忸密，而牟知國之所在亦必係與伐地、戊地之所在地同，誠如以上所述。牟知與戊地，其音頗相似，其與伐地之比較，亦已敍及。總之，觀夫以上之例證，則戊地必爲牟知之別名不誤，而伐地與戊地則盡爲謬誤之地名也。今據魏書，知牟知去代二萬二千九百二十里，則二者與代相距之里數相差不多，所不合者，僅九十二里耳。又有說者，即西域記謂距捕喝（即忸密）及伐地（應寫作戊地或牟知方爲不誤。）間四百里，其中不符之處吾人須注意及之。但吾人必可推定所謂捕喝、喝汗、戊地，皆特別接近，至其有相互關係之名，則大安、東安、西安是也。

六　烏那曷國（北史作烏那遏國）

隋書曰：『烏那曷國，都烏滸水西，舊安息之地也。王姓昭武，亦康國種類，字佛食。都城方二里，勝兵數百人。王坐金羊座。東北去安國四百里；西北去穆國二百餘里；東去瓜州七千五百里。』（註九三）。

唐書無該國之記載。

七　穆國

隋書曰：『穆國都烏滸水之西，亦安息之故地。與烏那曷爲鄰。其王姓昭武，亦康國之種類也。字阿濫密。都城方三里，勝兵二千人。東北去安國五百里；東去烏那曷二百餘里；西去波斯國四千餘里，東去瓜州七千七百里。大業中遣使貢方物。』(註九四)。唐書亦不載。

隋書所擧歸附康國之九國，其中以烏那曷與穆國最不易解決，但穆國尚較有線索耳。該書裴矩傳，記自敦煌出發至西海有三道，今錄其第二道如下：『從高昌、焉耆、龜茲、疏勒、度葱嶺、又經鏺汗、蘇對沙那國、康國、曹國、何國、小安國、穆國、至波斯、達於西海。』(註九五)。若以現今地名言之，則發自沙州，取天山山脈南路，經吐魯番(Turfan)、哈喇沙爾 (Hara-šahr 卽 Harashahr)、庫車(Kuča 卽 Kucha)、喀什噶爾 (Kašgar 卽 Kashgar)，度葱嶺，由阿賴(Alai)高原而下，至大宛山谷，然後向西經霍闡(Xhojend)、貳師城 (Ura-tüpä)、撒馬兒罕、布哈拉(Boxāra)，度阿母河，可抵 Čardjui，再經謀夫 (Merv) 與波斯境之 Mešed(卽 Meshed)，直達波斯灣之源。如是則抵達波斯之前，其末站乃穆國也。隋書謂穆國距安國 (卽 Boxāra) 五百里，或五日之程；依伯魯尼 (Byrūni) 氏之計算，自 Boxāra 至 Baikand 計五個法拉生 (farasung)，自 Baikand 至 Ferebr 計十二個法拉生，自 Ferebr 至 Āmūye 計二個法拉生，則全程自 Boxāra 至 Āmūye 合計乃十九個法拉生，卽中國之五百里也。(註九六)。馬迦特以爲穆國卽 Āmūye，中世紀稱 Amul 或 Amui，今日 Čardjui，其意尙不誤。阿貝爾指穆國卽今之謀夫，此不僅與隋書所述穆國與安國之距離不合，抑且與該地之歷史衝突。而馬迦特以爲當時之謀夫又名 Marwi-šahagān，乃薩山（Sasan）朝時呼羅珊(Xorasan; Khorasan) 領地之京都，且穆國又爲康國之屬國，歸昭武族統治，則其爲 Amūye 亦無疑矣。（註九七）

吾人旣知穆國卽 Amul，再進而言之，亦卽伐地，其正名卽戊地也。西域記謂伐地與 Boxāra 相距四百里，則與隋書記穆國與 Boxāra 之距離，尙少一百里或一日之程，但中國所載距離之史料，時有不確，故亦不必嚴重計較矣。聖瑪丁（Vivien de St.-Martin）以爲伐地卽 Betik（註九八），而馬迦特以爲卽 Warden（註九九），兩地皆位於阿母河之右岸，但若謂 Čardjui 在該河之左岸，更爲合理。所謂伐地與戊地乃同爲一地，前已舉例述之；今知戊地乃 Amrda 之縮寫，而『穆』字則更簡且頗中國化，觀夫安息之安及康居之康，當可明矣。又北史西域傳以穆國與伐地分載，視爲二國，是則亦宜注意之。須知此段記載乃出諸魏代關於西域之著作及隋書西域傳中，作者因二古史分述二名，遂視爲一地，猶如副貨之與安之亦有誤謬也。

烏那曷究坐落何處，卽確答其半，亦屬難事。隋書謂其地都烏滸水西，則必與穆國同在阿母河之左岸。是書又謂其地在安國（卽 Boxāra）南四百里，（原書載烏那曷東北去安國四百里，是則烏那曷在安國之西南。本文稱在南，當誤譯者註。）穆國（卽 Čardjui）東南二百餘里；又述穆國在安國西南五百里，烏那曷西二百餘里。由此可知烏那曷距 Boxāra 較距穆國約近一百里，然穆國如爲 Čardjui，則其地究在何方，實難詳悉。由地圖觀之，Amu darya 河（卽阿母河 Oxus 之今名，譯者註。）之左岸乃在 Čardjui 之上，以 Boxāra 與 Čardjui 而言，則 Boxāra 又較遠矣。而烏那曷在 Čardjui 之東，據河之左岸，故不近 Boxāra，於是此問題亦趨複雜矣。總之，凡此九國，惟烏那曷與穆國據阿母河之左岸，去 Boxāra 皆四五日之程也。余今尙需申述，卽馬迦特以爲烏那曷卽 Andchui，（註一〇〇）然觀以上之引證，猶難斷定焉。

八　史國

隋書曰：『史國都獨莫水南十里，舊康居之地也。其王姓昭武，字逖遮，亦康國王之支庶也。都城方二里，勝兵千餘人。俗同康國。北去康國二百四十里；南去吐火羅五百里；西去那色波國二百里，東北去米國二百里；東去瓜州六千五百里。大業中，遣使貢方物。」（註一〇一）。又唐書記述該國曰：『史或曰佉沙曰羯霜那，居獨莫水南，康居小王蘇薤城故地。西百五十里距那色波；北二百里屬米，南四百里吐火羅也。…… 隋大業中，其君狄遮（本文作逖遮，譯者註。）始通中國，號最強盛，築乞史城地方數千里。貞觀十六年，君沙瑟畢獻方物。顯慶時，以其地爲佉沙州，授君昭武失呵喝刺史。」（註一〇二）。

唐書稱該國曰羯霜那，乃阿剌伯文之 Kāšāni 或 Kāšāniya，而是書又舉乞史與佉沙兩名，皆 Kešš 之轉寫也。而二史所稱之『史』，顯爲乞史與佉沙之縮寫，而取其末字者。湯馬斯徹克以爲 Kāšāni 有『冬居』之義。（註一〇三）。且流於其國北境內之獨莫水，必係 Kaška-rud，乃次於 Zarafšān 最大之河也。該河發源於 Sultan-Hazret Tagh，向西流於 Karši 與 Khazar 匯合，而入於沙漠中。Kešš 與 Nasaf 皆因此河而繁盛，惟 Boxāra 及 Samarkand 可凌駕其上，以該河流經此二地也。

吾人固早已申述，謂唐書所述史國乃舊康居小王蘇薤城故地一語之謬，然不幸無數西方學者皆以誤傳誤。馬迦特必從史記而知蘇薤乃大宛以東之鄰國，然對於唐書所載蘇薤城卽史國之說，竟不加懷疑。（註一〇四）又沙畹指蘇薤卽 Soghd。其意又似爲馬迦特由阿剌伯文記載中所謂 Kešš 曾爲 Soghd 之京都一語，而確認之。（註一〇五）所謂蘇薤，吾人可知在漢代乃音 su-xai 或 so-xai，與 Soghd 或 Sugda 二音過於不同。故 Kešš 實非 Soghd，蓋 Kešš 限於 Kaška 之南，而 Soghd 之本部皆 Zarafšān 之流域也。余今於提及魏書之前，關於葱嶺外之大夏、大月氏、屬繇、堅沙四國，並將專舉屬繇（或 Suk-do）及堅沙卽爲 Sugda 及 Kešš 之故而說明之。

魏書西域傳記 Kašani 另有一名，其文曰：『伽色尼國都伽色尼城，在悉萬斤南，去代一萬二千九百里。出赤鹽，多五果。』（註一〇六）可知此國在撒馬兒罕之南。其後又有薄知國（卽 Bakdi 或 Bactria）一段曰：『薄知國，都薄知城，在伽色尼南，去代一萬三千三百二十里。』（註一〇七）由此二段較之，知伽色尼交於撒馬兒罕及 Balx 之間，以故施貝歇特（Specht）遂認其地卽 Kešš 矣。（註一〇八）地產赤鹽，湯馬斯徹克曾證明在 Khuzâr 以南，向西南行可至 Kalif，其地有山脈曰 Bašgur-Dagh，Soghd 人取岩鹽於此，而以撒馬兒罕之名義出售，至 Ibn Khordadbih 之 Soghd

租稅錄中，亦涉及岩鹽。（註一〇九）。

九　那色波國

關於那色波國，隋書並無記載，惟唐書有之其文曰：『那色波亦曰小史，蓋為史所役屬，居吐火羅故地。東阨葱嶺，西接波剌斯，南雪山，循縛芻水。（本文作縛蒭水，譯者註。）北有咀蜜種。（本文作咀密，譯者註。）隋書雖無敍述，惟謂其歸於康國，為九屬國之一。至那色波此名無疑為阿剌伯文 Naxšab 之轉寫，而 Nasaf 則係本土之誤稱。吾人觀阿剌伯之軍事記載，其國多半與史國合載，其京都居於 Rhuzâr 河及 Kaška 河之匯合處，蒙古稱霸時曾稱之曰 Karši。Yāqūt 書中謂 Nasaf 係一大城，人煙稠密，花園衆多，位於 Ğaihun （即阿母河 Amu Darya）及 Samarkand 間，又稱 Naxšab。是書繼謂該國西界 Boxāra，北界撒馬兒罕，西南則因 Bağur-dagh 山脈而與 Toxarestan （吐火羅）之 Čaganiyan 劃分，其地著名之鐵門在焉。此與唐書大不同，然亦不足奇。蓋唐書以幻想記事，謂那色波即吐火羅，作紙上分界，故欲正確言之，須觀西域記所述吐火羅一段之文：『東阨葱嶺，西接波剌斯，與大雪山，北據鐵門，縛蒭大河中境西流。……順縛蒭河北下流至咀窒國——』。（註一一一）。

隋書所載之國家，其歸附於康國者，今皆考諸歷史以明之矣，但康之外，有米國、何國、穆國、烏那曷國、史國（除曹國及那色波國）皆屬於昭武族之王，俱已分別述之。隋書不記那色波國而曹國無王，惟由康國王之子過承其業，因此遂難爲昭武九姓之一。又同書西域傳又有鏺汗及漕二國，皆屬昭武族。今錄之以與唐書相較。

鏺汗　隋書曰：『鏺汗國，都葱嶺之西五百餘里，古渠搜國也。王姓昭武，字阿利柒。都城方四里，勝兵數千人。東去疏勒千里，西去蘇對沙那國五百里，東去瓜州五千五百里』。（註一一二）。唐書則稱之爲寧遠，曰『寧遠者，本拔汗那或曰鏺汗，元魏時謂破洛那，去京師八千里。居西鞬城，在眞珠河之北。有大城六，小城百。人多壽。其王自魏、晉相承不絕』。（註一一三）。

元魏稱該國曰破洛那，魏書西域傳中曰：『（破）洛那國，故大宛國也。都貴山城，在疏勒城西北，去代萬四千四百五十里』。（註一一四）。可知破洛那之名始於元魏，用以代大宛，而元魏前稱Ferghāna，則惟有大宛而已。隋書謂該國卽渠搜國，渠搜乃書經禹貢之古名，此點頗易駁斥，蓋渠搜固一蠻族，在遠古時代，居於今甘肅以西一帶，乃盡人皆知之事實也。

拔汗那之外，唐書又有怖悍國，其文曰：『石東南千餘里有怖悍者。山四環之。地膏腴，多馬羊。西千里距堵利瑟那，東臨葉葉水，水出葱嶺北，原色濁，西北流入大磧。無水草，望大山尋遺齒知所指。五百餘里即康也』。(註一一五)。上述諸名，若欲加以說明，則堵利瑟那顯爲西域記所稱窣都利瑟那之縮寫，即阿剌伯文之 Osrušna 亦今日之 Ura-tüpä（即貳師城）也。至於葉葉水，恐係西域記之葉河，即錫爾河也。大概因以此河爲界，故國人稱之曰 Šaš 或 Čaš『葉』之古音爲 šap，乃以爲名。明乎此，則其國對於 Ferghāna 之關係，祇須觀怖悍、鏺汗、拔汗那三音之相似，即知三名皆 Ferghāna 之轉寫也。唐書謂怖悍與拔汗那有別，是乃史家之誤。

魏晉時代，其國猶習稱古名曰大宛。魏志引魏略云：『自是以西，大宛、安息、條枝、烏弋（烏弋一名排持），此四國次在西本國也，無增損』。(註一一六)。而晉書西戎傳記述大宛國，悉歸於多善馬，馬汗血一句。(註一一七)。破洛那之名，最初傳入者，乃在元魏時代，魏書謂該國曾入貢朝廷。今唐書謂其王系自魏晉後相承不絕，則當時統治大宛者，亦必爲此王族。隋書謂康居大月氏以昭武爲姓，世代相襲，但大宛與康居大月氏有別，故此說亦未必然。故隋書以爲鏺汗國屬昭武族，殊難足信，而唐書不列該國在昭武九國之內，其見解更進一步矣。

史載有一山脈曰潘賀那，令人聯念及 Ferghāna。魏書西域傳曰『者至拔國，都者至拔城，在疏勒西去代一萬一千六百二十里。其國東有潘賀那山，出美鐵及師子』（註一一八）。者至拔爲 Čač balik 之轉寫，或卽塔什干(Taškend)也。馬迦特讀作 Čač-bar，意爲『Čač 之岸』，或錫爾河（註一一九），但須注意塔什罕當不能面向該河。余以爲如讀作 Čač-balik，較爲合理。蓋 balik 之突厥語作『城』，其時該國乃突厥之所屬也。故不論如何，該國卽塔什罕無疑，而界於東境之潘賀那山必因山外之拔汗那卽 Ferghāna 一地而得其稱。多利買地圖上有名 ταπουρα 之山脈，因相似情形，居民稱 ταπουροι。湯馬斯徹克說明凡此名稱皆自瑪拉馬圖(Marama Tau)伽特奎爾圖（Čatqul-Tau）至塔什罕以南之一山脈，其名稱皆伊蘭語，其原意爲『斧』也（註一二〇）。波斯語稱『斧』爲 tawar，由此吾人或可探明古時中國稱 Ferghāna 爲大宛之原委矣。

漕國　隋書曰『漕國在葱嶺之北，漢時罽賓國也。其王姓昭武，字順達，康國王之宗族。都城方四里，勝兵者萬餘人。……北去帆延七百里，東北去封國六百里，東北去瓜州六千六百里』。（註一二一）。

唐書稱其國曰罽賓，文曰：『罽賓隋漕國也。居葱嶺南距京師萬二千里而贏，南距舍衛三千里。王居脩鮮城，常役屬大月氏地。……國人共傳王始祖曰馨孽，至曷擷支傳十二世。顯慶三年以其地爲脩鮮都督府，神龍初拜其王脩鮮等十一州諸軍事脩鮮都督。開元七年遣使獻天文及祕方奇藥，天子册其王爲葛邏達支特勒。（本文作葛邏達支特勒灑，譯者註。）後烏散特勒灑年老，請以子拂菻罽婆嗣，聽之。天寶四年，册其幼子勃匐準爲襲罽賓及烏萇國王。乾元初使者朝貢』（註一二二）。

由上觀之，可知漕國即漢代之罽賓國。隋書謂其地在葱嶺之北，而唐書則謂在南，如葱嶺實爲大雪山（Hindu Kush）而非帕米爾，則後述者不誤。蓋若其國果如隋書所述在山之北，則必不能北去帆延七百里也。

唐書所稱 Ka-pin，萊維（Lévi）以爲即 Kapiça，其根據蓋出自梵語雜名，此書以 Ka-pin 爲劫比舍（即 Capiça）；吳悾遊記謂罽賓乃 Kapiça 王之夏居，當爲迦畢試，玄奘遊記中亦有其語，蓋二人皆以王之冬居在 Gandhāra（乾陀羅）；也最後吾人舉唐書突厥傳謂統葉護可汗之

領地直擴展至罽賓，則亦與迦畢試地方相合，慈恩寺大師傳謂玄奘辭統葉護可汗而去時，可汗特遣護兵送之。（註一二三）

、隋唐時代之罽賓即 Capiça（迦畢試），今已確定。但若以爲中國人對於罽賓之轉寫必爲 Kapiça，是則誤矣。吾人觀西域記玄奘註解迦濕彌羅（克什米爾 Kašmir; Kashmir）曰「舊曰罽賓，訛也」。（註一二四）故罽賓實爲克什米爾，非 Kapiça 也。「罽賓」二字首見於漢書西域傳中，但所敍過嫌模糊，後代學者遂難悉其究在何方。以余論之，其地乃自漢至晉之 Gandhāra（乾陀羅），南北朝時之克什米爾；在唐代有謂即 Kapiça，亦有謂即克什米爾者。唐書西域傳述罽賓一段中有云：「王居脩鮮城，常役屬大月氏地暑濕人乘象俗治浮屠法」。（註一二五）此惟就漢書所述之罽賓，有所修改，故該段對於氣候風俗之敍述，乃指 Gandhāra，非 Kapiça 也。如是，則罽賓何故又被認爲 Kapiça，大概罽賓之音能令人憶及 Kapiça，此外漢書之記述罽賓亦可使人一見而以爲 Kapiça 者，此或其故也。總上所述，悉可見於余另一論文罽賓之研究中，其中陳述頗詳。

隋書、唐書以罽賓意爲 Kapiça，已無疑問。但隋書漕國之原名又爲何辭？此問已由馬迦特答覆之矣。彼謂漕係西域記漕矩吒或漕利之簡稱，必由 Zabul、Zawal 或 Zaul 轉寫而來。該國都於阿富汗之 Gazna，但其領土則自 Gandhāra 擴至 Kapiça，隋唐時稱之曰 Kapiça，猶如南北朝時以另一轉寫之業波羅稱 Gandhāra 也。(註一二六)

隋書稱漕國王屬昭武族。但若以 Zabul 一字思之，則在 Gazna 之統治者似不能歸於此族。且 Kapiça 亦不能擁一昭武君主。唐書稱其國之始祖曰馨孽，馬迦特以爲此人即大月氏王寄多羅（Kidara）之子 Kunggas（註一二七），此應公開討論之，而 Kapiça 王系與大月氏族或有多少關係。故隋書述漕國屬昭武姓，大可生疑，且唐書不以之列於昭武九姓中，更令人難信也。

吾人如否認錣汗與漕國爲隋代眞正昭武國家，則尙餘七國，乃康、米、何、安、史、穆及烏那曷。今可以唐書所載之昭武九國較之，即康、安、曹、石、米、何、火尋、戊地及史。後述之表中，無穆國及烏那曷，而以曹、石、火尋、戊地加之。關乎漕國，已舉唐書論之，今須就其餘三國所有史料而考證之矣。

石國　唐書之所載如下：『石或曰柘支，曰柘折，曰赭時，漢大宛北鄙也。去京師九千里，東北距西突厥（本文作北距西突厥，譯者註），西北波臘，南二百里所抵俱戰提，西南五百里康也。圓千餘里，右涯素葉河。王姓石，治柘折城，故康居小王窳匿城地。西南有藥殺水入，中國謂之眞珠河，亦曰質河。……顯慶三年，以瞰羯城爲大宛都督府』。（註一二八）。

石國卽今之塔什罕（塔什干）。上述其王姓石，而此書又謂係昭武之一國，乃顯著之矛盾。此係出自隋書西域傳一節中，曰：『石國居於藥殺水。都城方十餘里。其王姓石名湼』。（註一二九）。故此國旣有其王統治，當不能又同時屬於昭武也。又有一點，卽唐書認此國爲故康居小王之城市，實亦不確。史載其地據大宛北方之邊境，爲康居都督府故地可知在漢代大宛與康居分淸以後，其國甘爲大宛之一部分而與故康居脫離關係。今旣知該國卽塔什罕，則當時必爲康居領土之一部，蓋在漢代，其族據有絕大疆土，卽 Xodjend（霍闡）北之吉利吉思大草原之一半亦包括在內，但史家究根據何理以確定石國爲此奇特之故康居城市，尙屬疑問也。

唐書所知之石國，大約如此，在未有其他證據以前，吾人不得使之屬於昭武之九姓也。

中國之知有石國，並不始於隋代。蓋魏書西域傳云：『者舌國，故康居國，在破洛那西北，去代一萬五千四百五十里。（本文作一萬五千四百里，譯者註。）大延三年，遣使朝貢』。（註一三〇），所謂者舌，實卽上述之柘支、柘折，赭時，阿剌伯文曰 Šaš 及 Čač，今之塔什罕也。

唐書所謂右涯之素葉河，必爲錫爾河（Sir Darya）。吾人已知所謂錫爾（Sir）或稱葉葉或稱葉，此必係該河另一名稱之轉寫，恐卽爲 Šaš，諒該國因其形成於南境遂採此名焉。故素葉或爲葉葉之誤，而西域記之素葉，所指非錫爾，實係 Sujāb 今 Ču 河也。

唐書之石國，雖可謂係其王之姓，但多半爲 Šaš 轉來之縮寫。突厥稱「石」爲 taš，可知 Taškend（塔什罕一作干）一字卽 taš 與伊蘭語作爲「城堡」之 kend 相合而成，由此可知其原名乃中國「石」字之意義也。但吾人旣無從利用突厥語，則 Taškend 之 Taš 何能斷爲 Šaš 之轉寫。馬迦特祇解得一部分，彼假定突厥人以此字爲「石」，因錫爾河之錫爾（Sir）本有石之含義，如塞種（Šaka）語之 sil 及梵文之 sila。（註一三一）而余則不以其言爲然，謂中國之稱石國係意譯而非音譯。須知中國人譯外名，絕少有意譯者。觀夫以上所舉諸國名，全爲轉音，則今之所論者，更可同此理也。謂 Sir 有「石」之意義，其理亦不妥切。此河名有各種轉寫，如藥殺、眞珠、質、卽 Jaxartes、Jänčü 及 Sil。其第一字馬迦特及其他考據家斷爲伊蘭之名，第二字則一望而知爲突厥之名。至第三字 Sïl，馬迦特斷定爲塞加語 sïl，然此亦其個人之武斷，以爲該國之漢名必爲「石」之意譯也。余則更考其古名以釋明之，所謂 Sïl 及 Silis 皆 Čagatai 語之 silig，突厥語及畏兀兒 (Uigur) 語之 silik，意爲「清純」也（註一三二）。

火尋國　唐書敍其國曰：「火尋或曰貨利習彌，曰過利，居烏滸水之陽（本文作烏滸水之陰，譯者註）。東南六百里距戍地，西南與波斯接。西北抵突厥曷薩。乃康居小王奧鞬城故地」。（註一三三）。

貨利習彌乃西域記之貨利習彌迦，亦梵文之 Hōrismika，中世紀伊蘭語之 Khārizmik 及阿美尼亞 (Armenia) 語之 Xorasm，又簡作火尋及過利，乃今之基華也。希臘人稱其地曰 Xorasmia，以示與 Bactria、Sogdiana 等有所區別。漢代稱作驩潛，與大益相似，據於大宛之西，如是可與大夏、大宛、大月氏、康居及 Soghd 有明白之區別矣。因此其地未必爲康居小王故地，且吾人亦不信任唐書，因是書列此國於粟特昭武九國中而隋書則無之。

漢人之知有其國，始於南北朝時代，觀魏書西域傳所述，卽可瞭然，其文曰：「呼似密國，都呼似密城，在阿弗太汗西，去代二萬四千七百里。（本文作二萬四千里，譯者註）。土平，出琥珀。有師子，多五果』。(註一三四)。該國名不僅與火尋相似，其所載地位亦與火尋同。惟所謂與阿弗太汗相接，頗爲難說，吾人亦祇得考魏書所述，以斷定其地在布哈拉（Boxāra）之西，其文曰『阿弗太汗國，都阿弗太汗城，在忸密西，去代二萬三千七百二十里』。(註一三五)；由此二段所引者比較之，則可斷定呼似密在布哈拉(Boxāra)之西也。

戊地國　戊地有戊地、伐地等之誤稱，即魏書之牟知國及隋書之穆國，吾人固詳悉矣。今隋書稱穆國屬昭武姓，似與唐書所稱九姓中之戊地無異。但隋、唐史家俱以爲牟知、戊地、穆等國皆各有所別，是則吾人亦不能作如是之斷語矣。唐書所稱之昭武國家，穆國不在其中，蓋著者當時未聞其名；而所謂戊地，著者亦不以爲係昭武之穆國，乃另一國家，其所據爲何，誠不可解。唐書列舉昭武九姓中，與石、火尋、戊地，皆得斥之爲僞也。

上述中國史乘所載之昭武國家，今作大綱以明之，第一、隋書康國一節述八國爲支庶，同附於康國，其文含有諸國與康共爲昭武姓之意；第二、是書又分述九國，康國亦在內，各自分王統治，然其後九國中有二國，於第一次所述之九國內，其對於康國之關係，並不提及，今細加考察，則該二國實非屬於昭武之國家；第三、唐書舉八國爲康之支庶，八國與此至尊之國共同組成，世謂之昭武九姓，其中有六國與隋書在康國一段中所舉者相同，其餘三國，則其敍述已示有並非屬昭武姓之意。

余以爲此種現象，乃因 Sogdiana 之昭武姓最初爲九國，此數已固定於諸史家之腦中，至於後代所缺少者，以史家所記關於昭武治下之國亦有不足，因之若輩欲滿足一般傳統之觀念，故竟以非昭武之國加入之，以補足其數。其原有九名，吾人可推定爲隋書康國一節中所述之康、米、史、曹、何、安、穆、烏那曷、郝色波九國。南北朝時，該昭武九國不僅聞名於西方，甚且著聲於同時代之中國矣。吾人深信曹國及那色波在隋代已非正式國家，蓋隋書述前者無主，惟以康王之子領之，後者雖在康國一節中述及之，但其後並無分述。故史家欲補足此遺缺，遂貿貿然以鏺汗及漕國歸於昭武王治下。至唐代，唐書無穆國或烏那曷之記載，然因其時已附屬安國，對於那色波雖有一番敍述，但僅稱爲史國之附屬國，若加曹國以塡足此數，該史家認爲猶缺其三，以故唐書在康國一節中遂加石國，火尋，及戊地以求符合此傳統之數目耳。

吾人發覺爲首二國名實非昭武國家，至末後一國，已聞於南北朝，而該史家亦不知其卽爲穆國，此可據理而斷定者也。余之推論如不脫正軌，則唐代粟特之昭武國家已非九國，實亦不過六國矣。

今將重述突厥碑文上之"alty Čub Sogdyq"一句。其鐫刻之時日，當在唐開元時代（紀元前七一三年至七四一年），其時吾人認爲昭武六國業已存在，故所謂"six Čub"頗屬可能，六國乃康、米、曹、安、何、史也。此又可令人憶及其同時代另一記錄之六國，亦居此區域。新羅僧慧超，由印度歸途中曾經其地，其所著往五天竺傳中謂大寔而東，皆爲胡國，名曰安、曹、史、石騾、米、康。各地雖有王，然皆屬大寔管轄。每一小國，略有兵馬，頗能自衞。其語言各不相同。且六國皆奉火教，不知佛教。惟康有一佛寺，內祇一僧，故不知虔敬。（第四十三頁）——。（註一三六）。今此六國，除石騾外，皆與上列者相同，已爲顯著之事。此新名石騾實卽何國也。吾人又可證明石騾猶有其他稱謂，但今且撇開不論，而六國則可據理斷定爲突厥碑文上之six Čub。蓋此新羅遊者之正確旅期無從知悉，其歸安西都護府則在開元十五年（紀元後七二七年），此已由高楠順次郎教授證明之，（註一三七）；而另一方面碑文上又載闕特勤(Kül Tegin)侵入 Soghd 之事，馬迦特據其考證所得，以爲其事發生於紀元後七〇一年，即唐武則天長安元年（註一三八），是時在二事發生之簡短時期內，粟特尙不致遭逢極大之變故。今須詳答所謂石騾究係如何之國家。最初有人以爲其名與「石」無異。藤田氏及中國學者羅振玉皆有此見解，但以其名之第一字與另一名作爲相同，誠非充分之證據。余則以爲其論實無可取，蓋「石」已被斷明作 Čač 或 Šaš 之轉寫矣。觀諸上述粟特之昭武六國，吾人似更宜處置一問題，即探究石騾之爲何國也。茲者石騾及何與其原名 Gao 或 Gaya 既毫不相似，而與其轉名 Kušāni 及中國轉寫作之貴霜匿亦不相同。然石騾與何在某點上是否絕然無關，則亦值得加以檢討者也。

阿剌伯有一記載述 Qutaiba 出征中亞之事，其中值得注意者乃稱 Baikand, Boxāra, Kešš Soghd, Šaš 俱歸附於中國及突厥之勢力下（註一四〇）。以 Soghd 與其他國家並列，殊爲怪奇。蓋其他數國僅爲 Soghd 之數部分，由此，吾人亦祇能以爲在 Soghd 有各個別國家擅用 Soghd 之通名，因 Soghd 有特殊威勢，遂得爲當地之代表國矣。該國若非康國或 Samarkand，即爲貴霜匿。據 Istachri 謂貴霜匿係在 Soghd 最前進之城市，為全境之中心點。Ibn Hauqal 亦稱該國在全 Soghd 中為風物優美人口稠密堡壘堅固之城市，其他作家如麥加達西（Mukadassi，此名與本譯文第二十頁之名其拼法雖殊，恐即一人。譯者註。）Istachri、Byrūni 諸人，皆異口同聲推為全境唯一勝地。（註一四二）故在 Sogdiana 諸國中能享此大名者，厥維貴霜匿，由此吾人遂可推知當時之 Soghd 又指貴霜匿及 Gao 而言矣。

另一方面，以石騾經由窣利而推定即 Soghd，亦云合理，因窣利乃 Soghd 之變體也。中國歷史稱 Soghd 為窣利，並有其他諸名，如西域記之窣利，梵語雜名之蘇哩，智度論之修利，南海寄歸傳之速利等等。據字原而解釋，則 Sugdak 誤為 Sudak 或 Suda，再誤作 Sulak, Surak, 或 Su-li。吾人可由克里米半島上古市鎮 Sugdak 一名，其後逐漸變為 Sudak, Soldaia, 及 Solak，而知其為同一情形也。l 音與 d 音有相互關係，語言史上已有其明例，而此種情形在中亞尤堪注意，茲舉 Balax 一字而言，意即紅玉也，此字乃起源於紅玉之出產地 Badaxšan（巴達克山）。故 Sugdak 依 Soghd 之情形略加變化而成為 Sulak，乃至於 Sula 或 Suli，末後一字多半為轉寫作石騾之原名。故石騾可作爲 Soghd，再爲貴霜匿國，在當代諸史中則有名爲何國。

更有述者卽該遊僧所稱之六胡國，由以上之決斷可以證明並不包括藥殺水之任何以北部分。該探查者在其旅行錄中又稱康之東爲跋賀舵國。其地復有二國王。大縛叉河西流經其國中。河之南爲隸屬大寔之王統治，河之北爲屬於突厥之王統治（第四十八頁）。（註一四二）所謂跋賀舵必指 Ferghāna，至若縛叉河，羅振玉認爲係縛义之誤，此字雖因正書作阿母河（Amu Darya），然以地理上之觀點，頗可使著者誤爲錫爾河（Sir Darya）。今須注意著者以藥殺水之北部歸於突厥之領土，而河以南歸阿剌伯保護，又據著者所述六胡國皆屬大食（卽阿剌伯）統轄，是則所有國家必皆位於河之南也。其後又述此六國中之石騾非爲石國（石國乃今之塔什干，干亦作罕），其地顯係在河之另一方向。

今則吾人可以確定粟特自突厥之侵入至該遊僧道經其地時（西元七〇一年至七二七年），其在昭武治下者共包括六國，卽突厥碑文所言之 alty Čub 也。至其早時，則曾有九國，以符合相傳九姓之稱謂。然因何種變故而致減少，則無從確悉矣。吾人探知在隋代歸屬於昭武姓者僅有七國，此乃吾人所見其數目改變之第一次情形。在唐代則昭武姓惟有六國，其數逐漸減少，直至突厥人之侵略時（紀元後七〇一年）爲止，已頗顯然。彼侵略者在其開發之領地上所記“Soghd of alty Čub”之一句，能令人憶及昭武之盛名，足以代表粟特。由此，吾人必質問當初昭武係九國非六國之時代，其所謂『昭武九國』究與西方之稱謂有異否？“alty Čub”二字因此可以牽強而變爲突厥語之“toquz Cub”矣。

吾人可在通典中推發該字之原，是書稱粟特或粟弋（Sukdok）爲特拘夢。夏德解釋此字係Turkoman（土爾哥曼）之轉寫，（註一四三）但此係其個人之臆料，以爲粟特卽克里米之Sugdak，而使此替代之名與匈人有關。余則以爲特拘夢爲粟特，此點僅見於魏書南北朝時，此名卽指Sogdiana及其昭武九王爲首二字（特拘），余認爲係突厥語之『九』（toquz）。餘一夢字，則堪與哈薩克吉利吉思（Kasak Kirghiz）之土語manap及Čagatai語之manab互相比較之。二字皆解作王及貴人，該族有令名之祖先亦襲用之，有時其崇高甚至如阿刺伯之蘇丹。（註一四四）由此則特拘夢三字可讀作“Toquz manab”，意乃『九王』也。

今須轉回重述温那沙究爲何義，温那沙即魏書所稱之粟特或粟弋吾人又讀隋書，知康國王姓温，今暫以此名稱與極顯著之昭武姓問題置而不論，祇論温那沙之第一字，即此温也。其末字沙，則令人憶及伊蘭語稱王作 Šah。由大月氏及嚈噠人之錢幣上，知其突厥之戰勝者有時亦襲用此伊蘭語之尊號，因知此稱謂自有其確據。又中國史乘亦稱土耳其斯坦及阿富汗在南北朝至唐朝時，其突厥之統治者，亦用此稱呼。如唐書西域傳記安國王曰昭武殺，（註一四五）『殺』字多半係 Šah 之轉寫。此王大概與突厥首領 Šaba Šah 同爲一人，其人威震四海，曾與波斯王 Šapur 作戰，沙畹以爲即布哈拉（Boxāra）之統治者。唐書罽賓一段中，稱其王曰烏散特勒灑，考『勒』或係『勤』之誤，故末後三字似與特勤沙相同。欲知此字何能爲『沙』字之轉寫，須引文獻通考以說明之，其文曰：『拂菻國南東至滅力沙』。（註一四六），（本文作拂菻國南至滅力沙，譯者註）。此滅力沙無疑爲塞爾柱突厥（Seldjuk Turks）首領 Melik Šah。總上所述，可助吾人認識温那沙之末一字即伊蘭王之稱呼 Šah 字也。

今餘居中之『那』字，尚待考查，吾人之注意自必及於伊蘭語數目字之九字。考伊蘭語系之各種語言，該數字之稱謂各異，茲述之如下：Waxan 及 Šignan 曰 náo，Sangličs 及 Minǧian 曰 nao，Yagnob 曰 nau，Sari-kol 曰 new，Bactrian 曰 nava，波斯語曰 nuh，阿富汗語曰 noh，Osset 曰 nou（註一四七）。故溫那沙之『那』字大概係其中之一，無論如何，必為 Soghd 所稱之『九』之轉寫也。由此則溫那沙全三字即『溫姓九王』之謂，其又一記載由該地突厥語所稱之『特拘夢』，而知其為『九王』也。

隋書所記康國王，吾人由上下文而知其姓溫，唐書所述亦同此，謂 Soghd 諸國皆氏昭武，康國亦在其內，則溫與昭武似皆為王姓。此種情形必待解釋始能明瞭。在唐書中，吾人固習見諸王之名俱帶昭武，如小安之昭武殺，米國之昭武開拙（本文作昭武閉拙，唐書作開拙，譯者註。）何國之昭武婆達地，史國之昭武夫呵喝；而不見有溫之名。或則溫係古名，已以昭武代之矣。余以為二名並用於一時，非不可能。蓋吾人已知其國家之組成，皆含有二種要素，即來此外國之統治階級，及伊蘭土著之被治階級，其語言習尚均分隔而不趨混雜。吾人可將『溫』字作為伊蘭土著稱其統治者之姓氏，昭武乃突厥統治者及其直接部屬之自稱，或族人對其君主之稱呼。由此可斷論粟特之另一名稱溫那沙純爲伊蘭語，意乃『溫之九王』，其全文在突厥語則作昭武特拘夢，而吾人所見者，僅簡稱之紀錄耳。

第五章　狹義的粟特卽貴霜匿

吾人已知粟特爲全 Soghd 之通名，且似有昭武諸國，以康國或悉萬斤（Samarkand 撒馬兒罕）爲中心。其領土則直轄全 Soghd 者也。然粟特並非始終爲 Soghd 之全部，而悉萬斤在諸國中亦永不據有此種地位，此須注意及之者。魏書述粟特在太延元年、三年、五年，太安三年，延興四年、粟特遣使朝貢，關於其他所述，吾人或未加注意。但是書同卷中又述太和三年（西元四七九年），有十國各遣使朝貢魏廷，以粟特與悉萬斤並列，殊可稱奇。（註一四八）

其後魏書亦無粟特朝貢之記述，但較後之周書則謂保定四年（西元五六四年），其地曾朝貢周朝。自此遂令人生疑，粟特既與悉萬斤有別，當不能指爲 Soghd 之全部，上文曾述在阿剌伯文某書中以及中國稱 Soghd 之爲石騾，吾人已推定 Soghd 一名稱於某時當爲此特殊之國家貴霜匿也。對於粟特之辨別，則依據中國之記載較爲確實。魏書及北史之西域傳中分述南北朝時之粟特，有以下數國：即迷密、悉萬斤（即康）、牟知（即穆）、伽不單、色知顯（即曹）、忸密副貨（即安）、伽色尼（即史）。唐代昭武姓六國，上表括弧中有其五，而何國則不在其中。更有奇者，即同書西域傳竟另有粟特之記載。如此，則吾人所論與新羅僧所稱六胡國確已符合，其所謂石騾者，即何國也。正因石騾爲 Sugdik 之誤寫，爲狹義的貴霜匿，故魏書復以 Sugdik 寫作粟特，蓋單獨指此特殊之國家者也。

該獨特國家何以擅用此 Soghd 之通名，已將石騾之解釋陳明於前，茲祇另引湯馬斯徹克對於貴霜匿之言，加以補充。據彼謂 Samarkand 對於 Sogdiana 始終爲文化活動之焦點，商賈之會合所，貨品之貯藏處；故貴霜匿因其先後爲 Kušāns 人及 Haital 匈人之京都，遂有其特殊之意義與榮華（註一四九）。貴霜匿是否在無論何時皆爲 Kušāns 或大月氏之京都，頗可懷疑，但中國史乘證明其爲嚈噠或 Haital 匈人之京都，是乃事實。統治全 Soghd 及貴霜匿之嚈噠領袖，其中心地在南北朝時亦以此較大之名（粟特）著稱。

史載粟特遣使朝貢於魏朝，非指悉萬斤，乃貴霜匿也，其地即今日之 Kota Kurgan。吾人又可由其所言國人見虜於姑臧而爲其王贖出，當能推知該國王卽全 Soghd 之君主，自貴霜匿統治之，而非悉萬斤之領袖也。至若貴霜匿治下之種族相同，可見之於魏書之一段中，是書謂粟特爲匈奴所下而有其國，至王忽倪 (Xut-ngei) 已有三世，(註一五〇)。（魏書作三世，本文作二世，譯者註。）所稱匈奴必指嚈噠，而忽倪王似卽西書所載之 Xušnāwaz 王。凡此種種，余今已準備另作一關於嚈噠之文，將詳論之。

Kušanik 爲嚈噠政府所統治全 Soghd 之中心點，故至少在南北朝某時期內卽爲粟特，但觀以上所述諸章，則顯在隋唐時，康國王亦曾爲粟特境內諸鄰邦之統治者。關於二地間政治中心之活動，則無充分材料可供訂正，但如觀魏書所載西域諸國之往還遣使朝獻，則該問題尙有一線曙光。而由於是書散見各段之材料，知粟特朝貢魏廷，自太延元年（西元四三五年）至太和三年（西元四九七年），計達九次，末次遣使復有悉萬斤之使臣相偕。以前悉萬斤曾二度遣使，一在延興三年（西元四七三年），一在承明元年（西元四七六年），其後朝獻七次至永平二年（西元五〇九年）爲止。其間經過時間雖暫，而粟特已全爲悉萬斤所奪取矣。是則其意乃謂其時粟特或貴霜匿之權爲悉萬斤所代而取之乎？余以爲其意僅爲全 Soghd 之統治者遷其都於悉萬斤而已。蓋該書又稱悉萬斤爲嚈噠所併，以後遂不朝貢魏廷。西元五〇九年，悉萬斤末次遣使，而嚈噠自正始四年（西元五〇七年）始至西魏入貢至大統十二年共遣使七次。以下之事實卽全 Soghd 之嚈噠君主，先則居於悉萬斤，後於五〇七年放棄，移其新都於 Bactria 城，以故其領土乃向南擴展矣。

南北朝末，突厥人之優勢已超越中亞之嚈噠，Soghd 諸王或深受此北方新君統治之苦，如以前然。吾人已知康國王代失畢娶突厥可汗之女，領導其他昭武諸國。悉萬斤復爲全 Soghd 之京都，故其時貴霜匿必失去其舊時之重要意義。唐代新羅遊僧記其名曰石騾或 Sogdik，可以不必想其地猶爲當地之首城而襲用其名；其稱此名僅因其地在以前已習用之耳。史載粟特在保定四年（西元五六五年）進貢周朝，然嚈噠已於其時滅亡矣。以古 Soghd 爲政治中心，據之良久，故得獨霸此地名，悉萬斤雖其時居於卓越地位而終未襲此稱呼，恐亦此故也。

結論

Sogdiana 地方習用之名稱，其大概已散見於中國史乘中，如後漢書及晉書之粟弋，魏略之屬繇，魏書之粟特，其最後名稱爲南北朝末之貴霜匿，乃 Soghd 之代表國家也。後至唐代吾人已見窣利、修利、速利諸名，無數著作者俱自行轉寫作 Suli，乃 Sugdik 之誤也，而慧超之遊記則用「諸胡國」以作爲 Soghd 全境。凡此唐代對於其地之各種名稱，尙可適配其地在同時代與吾人已知之昭武六國同行擴展。然玄奘之窣利則係例外，其西域記曰：「自素葉水城至羯霜那國，地名窣利，人亦謂焉——」。（註一五一）所謂素葉水顯係 Suj-ab，即今之 Ču（吹）河；而羯霜那即今之 Kašāniya 或 Šahr-i-Sabz。是書又有 Kašāniya 之記述，其中敍寫鐵門如下：「出鐵門，至覩貨羅國，其地南北千餘里，東西三千餘里，東阨葱嶺，西接波剌斯，南大雪山，北據鐵門，縛芻大河中境西流。自數年王族絕嗣，酋豪力競，各擅君長，依川據險，分爲二十七國」——（註一五二）。玄奘之窣利，其北

直達 Ču（吹）河，包括亞歷山大山脈（Alexander Mountain）之北麓以及費爾干（Ferghāna），塔什干、霍闡（Xodjend），至藥殺水之北；河之彼岸則爲 Zarafšān 及 Kaška 河環繞，而其南則至打耳班（Derbend）山脈。介於打耳班及阿母河間之地，則不在內，因著者所計二十七（覩貨羅）（Toxa:a）國，下述數地乃爲 Surxāb 河及般旁遮布（Panjab）河所乾涸者：卽呾密、拘謎、陁珂咄羅、愉漫、赤鄂衍那、鞠和衍那等（註一五三）。吾人須知玄奘之窣利確非當時 Soghd 之轉寫，亦非西方著者所稱之 Sogdiana 也。Eratosthenes 謂藥殺水自塞種（Saka）所居起劃分 Sogdiana，猶如阿母河自 Bactria 之分隔 Sogdiana，然此種現象乃表示該地北部爲錫爾河所限制也。（註一五四）此事實在居魯士王（Cyrus）之故事中亦有之，故事稱該王經造之居魯市（Cyropolis）卽在今之 Ura-tüpä（舊貳師城）其作用乃在抗禦塞克提人（Scythia）之侵略，而亞歷山大亦以自己之名築城於霍闡（Xodjend），其目的與上述者相似。湯馬斯徹克繪 Ma-Waral-nahr 在 Samanid 統治下之地圖（卽二河間之地），吾人知其時當地共有七國，是爲 Boxāra, Soghd, Nasaf, Kešš, Osrušanah, Caganiyan, Xuttal（卽 Khotl，而 Ferghāna 則並未列入。（註一五五）

關於希臘人所稱之粟特（Sogdiana），則其說明略有不同境內有費爾干而打耳班及阿母河間之 Termid 則遺漏未記惟以 Bactria 代之。但 Sogdiana 是否伸向遠北而達 Ferghāna 尙係一疑問。亞歷山大征 Sogdiana 時，曾遣派一軍隊至 Osrušanah，但不聞對於霍闌以東之地有若何作爲。且吾人已知阿剌伯之 Ma-Waral-nahr 並不包括 Ferghāna，且知漢代史家頗知粟弋（Sugdik）與大宛（Ferghāna）有別。由此，卽可推定希臘人所稱之 Sogdiana 亦有此情形也。

漢代史家所稱之粟弋，其廣袤幾何，殊難規定，蓋其敍述過於簡略含糊，使人無從着手耳。若輩以大夏或大月氏爲 Bactria；以大宛爲 Ferghāna，而康居則謂係在藥殺水之北；粟特則幾爲昭武六國之全境，乃與唐代相同。至若 Termid 是否須包括於內，尙屬問題，史載張騫見大月氏君主聽政於阿母河之北，此顯爲 Termid 之地，故吾人須自其他材料中得知其種族之大本營是否限於大夏之內，卽能斷定其地是否爲大夏之一部分也。

讀史記及漢書之大夏及大月氏，至二地在該中國探檢者目光中爲二大不同之強國，馬迦特以為大夏即吐呼羅（Toxāra），自不待言此族曾統治 Greco-Bactrian 王國，其優越之時期過後，遂為大月氏侵入而廢之。但此史實尚未有年表上之根據耳。據西方調查者之探測，知 Greco-Bactrian 王國，迄至西元前一四〇年，其勢力猶存在於大雪山（Hindu Kush 痕都庫什）之北。換言之，張騫至大月氏，見其在阿母河之北極稱繁盛，時在西元前一二九年，與桑原氏所料者相同。（註一五六）。不久又有一族在同地興起，因其時間過短，故無從設想。故大夏或吐呼羅之人民，是否即大月氏人，遂為疑問。依余對於該族在歷史上之調查，則在早時其人民居於河西，即自稱吐呼羅，而大月氏或月氏乃中國人所稱之名也。若輩在此征服之領土上破壞大夏之統治而堅執其本土之名，即吐呼羅是也。然張騫諒未報告此種事實。彼僅依中國之所稱而知其人民，對於吐呼羅，彼必以為係其地之土名；否則就其觀察，決不作大月氏征服吐呼羅之史事報告矣。當時 Termid（怛沒）為其政府之中心地，故須在其領土吐呼羅（即大夏）之內。故粟弋之南端亦不出打耳班之外，打耳班與怛沒分界。漢書西域傳有以下一段關於休循國之記載，休循在葱嶺之北原，其文曰：『西北至大宛國九百二十里，西至大月氏千六百一十里』。（註一五七），由此可知阿母河，Surkab 及 Panja各北部支流所經之地並非在粟弋境內，乃在大夏也。至若阿母河之下流，則吾人已知爲驩潛(Xuan-ǯ'iem)及大益(Dahe; Dai)二國所據。由此觀之，漢書之粟弋，其所據之地，即唐代昭武諸國之領土，亦彰然明矣。

註

（註一）史記汲古閣版卷一百二十三。

（註二）漢書卷九十六。

（註三）土耳其斯坦（Schwarz, Turkestan）第八十二頁至八十三頁。

（註四）突厥人（Das Türkenvolk），第五百七十二頁及第五百七十六頁。

（註五）古突厥銘文年表，（Marquart, Die Chronologie der alttürkischen Inschriften）第五頁。

（註六）年表第十頁。

（註七）中亞細亞之研究（Die Centralasiatische Studien）第一章第一百三十五頁。

（註八）馬札兒（卽匈牙利人，譯者註）人之來源（Ursprung der Magyaren）第一百〇九頁。

（註九）馬札兒人之來源，第一百十二頁。

（註一〇）Čagatai-Osmanisches 辭典，（Sejx Sulejman Efendi, Čagatai-Osmanisches Wörterbuch.）第二十六頁。

（註一一）漢書卷五十四。（本文誤作史記，蓋此段實載於漢書卷五十四蘇武傳中譯者註）。

（註一二）史學雜誌第十七期第六百六十一頁。

（註一三）突厥方言辭典之研究，（Kadloff, Versuch eines Wörterbuches der Türkdialekte）第一章第一百

十六頁。

(註一四)蒙古、俄羅斯、法蘭西辭典，(Kowalewski, Dictionnaire Mongol-Russe-Français) 第一章第三百八十七頁。

(註一五)西陲總統事略卷十二。

(註一六)三州輯略卷七。

(註一七)漢書卷一百二十三。

(註一八)漢書卷六十一。

(註一九)漢書卷九十六。

(註二〇)唐書卷二百二十一。

(註二一)史記卷一百二十三。

(註二二)隋書卷八十三。

(註二三)晉書卷九十七。

(註二四)後漢書卷一百十八。(本文作卷八十八，譯者註)。

(註二五)漢書卷九十六。

(註二六)北史卷九十七。

(註二七)唐書卷二百二十一。

（註二八）中亞細亞之研究第一章第一百二十七頁至一百二十八頁。
（註二九）同書第七十四頁至七十五頁。
（註三〇）晉書卷九十七。
（註三一）通典卷一百九十三。
（註三二）Tonjukuk 銘文跋，（Nachworte zur Inschrift des Tonjukuk）第八十五頁至八十六頁註解二。
（註三三）魏書卷一百二。
（註三四）周書卷五十。
（註三五）通典卷一百九十三。
（註三六）漢書卷九十六。
（註三七）後漢書卷一百十八。（本文作卷八十八，譯者註）。
（註三八）魏志卷三十。
（註三九）十三州志（二酉堂叢書版）第五頁。
（註四〇）魏志卷三十。
（註四一）史記卷一百二十三。
（註四二）隋書卷八十三。
（註四三）唐書卷二百二十一。

（註四四）漢書卷九十六。

（註四五）Num. Chron. 第六十五頁。

（註四六）中亞細亞之研究第一章第一百三十六頁。

（註四七）北史卷九十七西域傳所述之康國，顯係自隋書中鈔襲而來，其名寫作世夫畢而不作代失畢，因『世』與『代』同義，『夫』爲『失』缺一撇，故知北史之誤。

（註四八）古突厥銘文年表第七十頁至七十一頁。

（註四九）西突厥史料 （Documents sur les Ton-Kiue Occidentaux） 第二百四十二頁至二百四十三頁。

（註五〇）蒙古地方之古突厥銘文新增本 （Die alttürkischen Inschriften der Mongolei, Neue Folge） 第一百七十七頁。

（註五一）年表第七十一頁至七十二頁。

（註五二）鄂爾渾之銘文（Inscriptions de l'Orkhon） 第一百五十四頁註解第三十八。

（註五三）古突厥銘文與阿剌伯史料 （Die alttürkischen Inschriften und die arabischen Quellen）第十六頁至第十七頁。

（註五四）唐書卷二百二十一。

（註五五）魏書卷一百二。

（註五六）西突厥史料第一百三十二頁註解五。

(註五七)通典卷一百九十三。

(註五八)通典卷一百九十三。

(註五九)隋書西域傳卷八十三。

(註六〇)唐書西域傳卷二百二十一。

(註六一)中亞細亞之研究第一章第一百四十五頁。

(註六二)隋書西域傳卷八十三。

(註六三)唐書西域傳卷二百二十一。

(註六四)中亞細亞之研究第一章第一百五十二頁至一百五十三頁。

(註六五)魏書卷一百二。

(註六六)中亞細亞之研究第一章第一百四十四頁。

(註六七)魏書卷一百二。

(註六八)中國藝術中之外國影響，(Fremde Einflüsse in der Chinesischen Kunst)第三十三頁註解一。突厥人，(Vámbéry Das Türkenvolk)第一百二十三頁。

(註六九)西突厥史料第一百三十九頁註解三。

(註七〇)中亞細亞之研究第一章第一百五十二頁。

(註七一)伊蘭考古學(Eranische Alterthumskunde)第一章第七十一頁至七十二頁。

(註七二)伊闞考古學第一章第七十三頁。

(註七三)隋書卷八十三。

(註七四)唐書卷二百二十一。

(註七五)馬迦特之年表第五十九頁至六十頁。

(註七六)中亞細亞之研究第一章 Sbwa. Ba. 87.

(註七七)年表第六十頁。

(註七八)酉陽雜俎卷四。

(註七九)史記卷一百二十三。

(註八〇)唐書卷二百二十一。

(註八一)魏書卷一百二。

(註八二)酉陽雜俎卷十。

(註八三)唐書卷四十三。

(註八四)西突厥史料第七十一、二百〇一、二百七十九頁。

(註八五)隋書卷八十三。

(註八六)唐書卷二百二十一。

(註八七)馬迦特之年表第六十一頁。

(註八八)魏書卷一百二。北史卷九十七。

(註八九)西域記卷一第二十三頁(東京大學校版)。

(註九〇)西域記卷一第二十三頁。

(註九一)唐書卷二百二十一。

(註九二)魏書卷一百二。

(註九三)隋書卷八十三。

(註九四)隋書卷八十三。

(註九五)隋書卷六十七。

(註九六)東方之驛站與路線,(Sprenger, Post und Reiserouteu des Orients) No. 1

(註九七)Ērānšāhr 第三百十一頁。

(註九八)Mémoire Analytique 第二百八十二頁。

(註九九)年表第六十二頁。

(註一〇〇)年表第六十五頁。

(註一〇一)隋書卷八十三。

(註一〇二)唐書卷二百二十一。

(註一〇三)中亞細亞之研究第一章第一百八十四頁。

(註一〇四) Éranšahr 第三百〇四頁。

(註一〇五)西突厥史料第一百四十六頁註解三。

(註一〇六)魏書卷一百二。

(註一〇七)魏書卷一百二。

(註一〇八)中亞細亞之研究(法文本)第十五頁。

(註一〇九)中亞細亞之研究第一百八十頁。

(註一一〇)唐書卷二百二十一。

(註一一一)西域記卷一第二十四頁。

(註一一二)隋書卷八十三。

(註一一三)唐書卷二百二十一。

(註一一四)魏書卷一百二。

(註一一五)唐書卷二百二十一。

(註一一六)魏志卷三十。

(註一一七)晉書卷九十七。

(註一一八)魏書卷一百二。

(註一一九)自六世紀至九世紀之 Zābul 國及其 Žun 神,(Marquart und De Groot, Das Reich Zābul und der Gott Žun vom 6.-9. Jahrhundert.)第二百五十二頁。

(註一二〇)北塞克提人長老報告之批評(Kritik der ältesten Nachrichten der Skytischen Norden.)第二章第五十一頁。

(註一二一)隋書卷八十三。

(註一二二)唐書卷二百二十一。

(註一二三)沙畹之西突厥史料第五十二頁註解一。

(註一二四)西域記卷三第二十三頁。

(註一二五)唐書卷二百二十一。

(註一二六)Éranšahr 第二百八十五頁。

(註一二七)Éranšahr 第二百八十四頁至二百八十五頁。

(註一二八)唐書卷二百二十一。

(註一二九)隋書卷八十三。

(註一三〇)魏書卷一百二。

(註一三一)自六世紀至九世紀之Zābul國及其Žun神。愛德華薩曉七十誕辰論文集,(Festschrift Eduard Sachau Zum Siebzigsten Geburtstage.)第二百五十二頁。

(註一三二)突厥方言辭典之研究第七百十二頁。

（註一三三）唐書西域傳卷二百二十一。

（註一三四）魏書卷一百二。

（註一三五）魏書卷一百二。

（註一三六）慧超往五天竺傳箋釋第四十三頁。

（註一三七）慧超傳考（大日本佛教全書版）第一頁。

（註一三八）年表第十五頁。

（註一三九）慧超往五天竺傳箋釋第四十三頁。

（註一四〇）中亞細亞之研究第一章第一百四十三頁。

（註一四一）前書第一百六十二頁。馬迦特之年表第五十九頁至六十頁。

（註一四二）慧超往五天竺傳箋釋第四十八頁。

（註一四三）關於伏爾加之匈人及匈奴（Über Wolga-Hunnen und Hiung-nu）第二百六十三頁。

（註一四四）范倍萊之字原辭典（Vámbéry, Etymologisches Wörterbuch,）No. 233 愛芬底之 Čagatai-Osmanisches 辭典第一百四十三頁。羅多哥夫之俄文著作（Rudogoff, Srabnitjesnij Slobar Turecko-Tatarskix Narjecij）第二章第二百頁。賴得洛夫之突厥方言辭典之研究第一萬二千〇十七頁。

（註一四五）唐書卷二百二十一。

（註一四六）文獻通考卷二十四。（本文作卷三百三十九，譯者註）。

（註一四七）湯馬斯徹克之中亞細亞之研究第二章第八百二十一頁。
（註一四八）魏書卷七。北史卷三。
（註一五〇）魏書西域傳卷一百二。
（註一四九）中亞細亞之研究第一章第一百六十頁。
（註一五一）西域記卷一第十八頁。
（註一五二）西域記卷一第二十四頁。
（註一五三）西域記卷一第二十五頁至二十七頁。
（註一五四）中亞細亞之研究第一章 No. 3.
（註一五五）前書 No. 1.
（註一五六）張騫之遠征第九十七頁。
（註一五七）漢書卷九十六。